本书系北京市教育科学"十二五"规划 2014 年度重点课题"儿童数学教育思想理论内涵与实践创新的研究"（立项编号：ABA14015）的研究成果。

LEARNING BY QUESTIONING:
A WAY TO MASTER MATHS
FOR THE KIDS

儿 童 数 学 教 育 丛 书

吴正宪　张　丹◎主编

让儿童在问题中学数学

吴正宪　张　丹◎主　编

孙京红　陈俊荣◎副主编

教育科学出版社

·北　京·

出版人 李 东
项目统筹 郑 莉
责任编辑 郑 莉
版式设计 宗沅书装 郝晓红
责任校对 贾静芳
责任印制 叶小峰

图书在版编目（CIP）数据

让儿童在问题中学数学／吴正宪，张丹主编 .—北京：教育科学出版社，2017.6（2023.9 重印）
（儿童数学教育丛书／吴正宪，张丹主编）
ISBN 978-7-5191-1100-7

I．①让… II．①吴… ②张… III．①小学数学课—教学研究 IV．① G623.502

中国版本图书馆 CIP 数据核字（2017）第 116129 号

儿童数学教育丛书
让儿童在问题中学数学
RANG ERTONG ZAI WENTI ZHONG XUE SHUXUE

出版发行	教育科学出版社				
社　　址	北京·朝阳区安慧北里安园甲 9 号		市场部电话	010-64989009	
邮　　编	100101		编辑部电话	010-64981357	
传　　真	010-64891796		网　　址	http://www.esph.com.cn	
经　　销	各地新华书店				
制　　作	宗沅书装				
印　　刷	保定市中画美凯印刷有限公司				
开　　本	720 毫米 ×1020 毫米　1/16		版　　次	2017 年 6 月第 1 版	
印　　张	10.25		印　　次	2023 年 9 月第 7 次印刷	
字　　数	137 千		定　　价	40.00 元	

如有印装质量问题，请到所购图书销售部门联系调换。

创设 "好吃又有营养" 的儿童数学教育

——儿童数学教育本土理论与实践的探索

多年来，我一直在思考：儿童需要学习什么样的数学？儿童喜欢以什么样的方式学数学？儿童到底应该从数学学习中获得什么？数学又可以为儿童的可持续成长提供什么？同时，我也一直在追问：作为教师，我们应该怎样为儿童创设 "好吃又有营养"[①] 的数学教育？我们又应该为儿童的全面发展做些什么？令人欣喜的是，"儿童数学教育丛书"的《让儿童在问题中学数学》《让儿童在对话中学数学》《让儿童在涂画中学数学》和《发展儿童数学关键能力》四本书，就从不同的维度对这些问题进行了回应。丛书讲述了儿童数学学习的故事，同时也记录了一线教师、教研员开展儿童数学教育研究的历程与理性思考。这里的儿童数学教育理论与智慧是从课堂里生长出来的，是经过坚守在一线的教师、教研员长期的教学实践而生成的，它具有本土性、实践性、可操作性，值得与大家共同分享。

丛书的四本书围绕 "儿童数学教育" 这个主题，从不同的切入点展开讨论。儿童数学教育的内涵到底是什么？怎样来诠释它？此时我可能还很难一言以概之，但是多年的实践让我对儿童数学教育有了自己独特的理解。在我的心中，儿童数

---

① 关于 "好吃又有营养" 的数学我已多次表达，它是具有双重价值取向的数学教育。"有营养" 是从学习内容和学习资源来讲的，要让儿童在学习数学知识的过程中获得终身可持续发展所需要的基本知识、基本技能、数学思想方法、基本数学活动经验、科学的探究态度及解决实际问题的创新能力。"好吃" 是从教学方式和学习方式来讲的，要把有营养的数学烹调成适合儿童口味的数学，也就是儿童想学的数学、爱学的数学、乐学的数学、能学的数学，达到让儿童想学、爱学、学会、会学的目的，提升儿童的学习力，让儿童学有后劲。

学教育已经不仅仅是"研究数量关系和空间形式"的一门科学，它还是一种理性精神，一种科学态度，一种文化传承，一种思维方式，一种交流语言，一种特殊工具。因此可以说，儿童数学教育就是教书育人的重要过程。

我认为，儿童数学教育由三个要素组合而成，即儿童、数学、教育。它们共同构架起一个立体坐标系（见下图）。

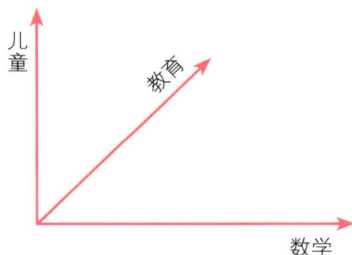

在儿童数学教育的立体坐标系中，顶天立地的纵轴上清晰地书写着"儿童"。它提醒我们，关注儿童是教育工作的关键。我们要把握儿童的认知特点和学习规律，坚持全面育人——这不仅仅包括"知识技能"、"认知风格"、"思维水平"等维度，也涵盖了"情感、态度、价值观"层面。关注儿童，才不会陷入学科本位，才不会只关注基础知识、基本技能而忽略其他。

坐标系中向右伸展出去的横轴上清晰地书写着"数学"。它提醒我们，关注数学是我们学科独有的重要任务，无可替代。只有关注数学、研究数学，把握数学本质，才不会使教学偏离数学的轨道，才能让儿童拥有数学视角与数学思维，为教学注入数学的科学元素，不违背数学的初衷。

坐标系中支撑它从"平面"走向"立体"的关键轴上清晰地书写着"教育"。它提醒我们，要做的是儿童的数学教育，教书育人是重要使命。"教育"是人与人的理解与沟通，它用恰当的方式让儿童感受数学学习的意义和价值，体会数学知识的广泛应用，感受数学思维的独特魅力，从而爱学数学、善学数学、会学数学，以便将来高质量地工作和生活。

因此，作为小学数学教师，一是要理解儿童，研究儿童学习的规律；二是要理解数学，研究数学的本质属性；三是要理解教育特别是数学教育，研究教育特别是数学教育的规律。只有在理解和研究儿童、理解和研究数学的基础上，才能更好地理解和研究儿童数学教育。

丛书明确地提出了"儿童数学教育"的理念和教学策略，确立了将"儿童"作为数学教育研究和实践对象的基本立场，强调以儿童的全面发展为目的，满足儿童的发展需求，遵循儿童的发展规律，努力为儿童创设"好吃又有营养"的数学教育。丛书正是对儿童数学教育本土理论与实践研究的丰富和发展。四本书聚焦一个主题——"儿童数学教育"，又各有特色和侧重——分别从引导儿童"在问题中学数学"、"在涂画中学数学"、"在对话中学数学"三个不同的维度展开，提供了创设"好吃又有营养"的儿童数学教育的三种途径和方式，最终实现"发展儿童数学关键能力"这一目的。

四本书都以给教师提建议的方式为特色，每个部分中的每篇文章从标题开始就体现出建议特色，并在其后的内容中通过多个栏目阐释这个建议：首先通过"教学故事"引出问题，再通过"吴老师说"分析点评，继而通过"为你支招"给出具体的、可操作的实践策略，最后通过"观点聚焦"再次点明主旨，帮助教师获得提升。

丛书主要以第二人称"你"的方式展开叙述，将其中的理念向教师们娓娓道来，阐述实实在在的"招"，并进行图文并茂的案例式解读，为教师的实践提供脚手架。丛书每本书的字里行间都自然流淌着教师对儿童的热爱与理解，对儿童数学学习规律的敬畏与尊重。读完每一个建议，如果作为读者的你有了自己的感悟和实践案例，还可以随时记录在"你的感想与实践"栏目中，从而更好地丰富自己对儿童数学教育的理解和实践。

《让儿童在问题中学数学》一书重点阐述了如何通过问题引领儿童的数学学习。"学起于思，思源于疑。"疑是最容易引起探索反射的，思维也就应运而生。有了问题、疑问和惊奇，儿童才能积极主动地思考。问题引领儿童学习的过程，正是使儿童经历发现问题、解决问题同时又生成问题的过程。一个个有趣且有价值的"问题串"由浅入深，激励儿童进行深度思考。环环相扣的问题由表及里，使思维得到延伸。恰到好处的"问题串"引起儿童的认知冲突，打破儿童的认知平衡。一个个问题的抛出，一个个思维高潮的迭起，搅动思维的涟漪，把课堂的温度建立在思维的深度上，使儿童处于欲罢不能的状态，沉浸在自主探索的气氛中，感受着学习数学的乐趣与价值。有了问题就会有思考，"不愤不启，不悱不发"，从而引发儿童思维共振，使儿童主动地投入探索之中。

《让儿童在对话中学数学》一书重点阐述了如何帮助儿童在对话中理解和学习数学。儿童有四大天性：好奇心、好探究、好秩序和好分享。[①]课堂学习中既要有儿童个体的独立思考探究，也要有群体的交流分享。这种相互讨论、倾听、补充、调整、修正、欣赏、沟通与分享的学习过程，为儿童的发展提供了重要契机。要鼓励儿童敢讲话、会讲话、善提问、敢追问，学会与同伴对话、交流、分享；鼓励儿童用自己原生态的语言诠释对数学概念的理解；鼓励儿童充分表达，注重儿童"讲数学"，让他们把自己的思考说出来。学习中要营造民主平等交流的氛围，让儿童在争辩中获得正确的认识，深化对知识的理解，激活思维。要使"一言堂"的数学课堂变成师生互动交流的"群言堂"。课堂上要让儿童有话可说，有问题可质疑。巧妙的设问、适时的追问、恰到好处的"煽风点火"和环环相扣的问题，搅动儿童的思维，让思考在对话中调整、在追问中丰富、在反思中深刻，使思维品质得到良好的发展。

《让儿童在涂画中学数学》一书重点阐述了如何在涂涂画画中帮助儿童理解和学习数学。数学是严谨、抽象的，儿童则以直观、形象思维为主，二者之间的矛盾是影响儿童学好数学的因素之一。儿童喜欢涂画，它是儿童自觉进行的游戏。涂画不仅能表达儿童的内心世界，开启儿童的思维，激发儿童自身的潜能，唤起儿童创造的活力，还能培养儿童的专注力和观察、分析、想象的能力。我们能否让直观、形象、有趣的涂画成为儿童数学学习的有效路径呢？带着这样的思考，该书作者团队开展了让儿童在涂画中学习数学的实践探索。实践印证了：图画蕴含着丰富的数学信息；涂画能唤起儿童已有的经验；涂画能帮助儿童理解数学概

---

① 任景业. 分享孩子的智慧：改进教学的建议 [M]. 长春：东北师范大学出版社，2014：7.

念和数量关系；涂画是儿童重要的表达方式；涂画是儿童学习数学的工具；涂画是促进儿童有效地学好数学的重要途径。

《发展儿童数学关键能力》一书重点阐述了如何帮助儿童在数学学习中提升数学素养和数学关键能力。该书对数学能力要素中处于中心位置，最基本、最重要、最关键、能起决定作用的能力进行了筛选，梳理出七个数学关键能力——数感、符号意识、运算能力、空间观念、数据分析观念、推理能力和模型思想，并通过一线教师丰富的教学故事和鲜活的教学案例对这些关键能力进行了解读。一方面，它对儿童数学关键能力的内涵进行阐述，明确从数学核心素养的角度整体把握儿童数学关键能力；另一方面，它结合教学实际给出具有实操性的"招"，使教师"有招可依"。该书不仅有数学核心素养理念的引领，还有典型案例与成功实践经验的引领，更加凸显发展儿童数学关键能力的"实操性"。

这四本书从一个主题、多个维度阐述了我们对儿童数学教育本土理论与实践的再思考。我们要坚守"以儿童发展为本"的教育理念，坚持为儿童创设"好吃又有营养"的数学教育。儿童的需求和喜爱，就是我们前行的动力。我们愿与你一起站在儿童视角审视儿童数学教育、研究儿童数学教育、实践儿童数学教育，愿更多的儿童能够享受到高质量的数学教育。

由于我们的认识水平和能力有限，书中难免有不妥之处，还请批评指正。

北京教育科学研究院　吴正宪

2017 年 4 月

用"问题"引领儿童数学学习

诺贝尔物理学奖得主李政道先生曾经说过:"要创新,需学问,只学答,非学问,问愈透,创更新。"这段话既阐述了"问题"对于创新的作用,又说明了发现和提出问题应是学习的重要部分。《义务教育数学课程标准(2011年版)》(简称"2011年版课标")则将增强学生发现和提出问题的能力作为课程总目标之一。而目前的数学教学,学生发现和提出问题的机会是比较少的;即使学生有问题,也因为没有"外显"机会而失去了深入思考和学习的机会。因此,"问题"应该成为学生学习的重要组成部分。

实际上,儿童是充满好奇心的,他们的学习过程就是一个不断发现、提出、分析和解决问题的过程。正如一位儿童这样描述自己对学习的理解:"学习就是你带着很多很多的问题,然后尝试去解决它们,接着又产生了很多很多新的问题,然后再去解决,如此反复的过程。"因此,儿童的问题作为目标、动力和途径,将一直引领着学习的发生和深入,我们应该鼓励儿童在问题中学习数学。

1. 基于儿童的问题开展学习

我们提倡儿童基于自己的真实问题开展学习,具体包括三个要点。第一,学会提问:发展儿童发现和提出问题的意愿与能力是学习的重要目标。第二,因问而学:真正的学习应从儿童发现和提出问题开始,不断产生问题也会成为儿童学习的动力。第三,问学交融:儿童一方面在不断发现、提出、分析和解决问题中,学习、应用和发展所学的知识与方法;另一方面在学习过程中，不断发现和提出新问题。

这里特别需要注意的是，我们要密切关注儿童的问题是"真实"的问题吗？他们是真正出于好奇心提出问题，还是将已经知道的答案转换为问题的形式而提出来？儿童有时会根据要求提出已经知道答案的"习题"，它的作用更多的是帮助巩固所学的知识和方法，这无疑是有价值的，但并不是本书所期待的"问题"。

波利亚在《数学的发现》中对问题是这样界定的：问题就意味着要去找到适当的行动，以达到一个可见而不即时可即的目的。梅耶则指出一个问题由三种成分构成：给定状态、目标状态以及阻止给定状态转变为目标状态的障碍。由此可见，问题的一个基本特征是"障碍"，儿童由"障碍"产生冲突和好奇，在解决障碍的过程中进行思考，不断地有发现。

因此，我们这里所指的问题的重要特征是：儿童想要知道，但不能直接获得答案或者解决方案，而解决的过程会有助于他们进行思考和产生自己的发现。

为了更好地帮助儿童从问题中学习，我们给出如下的学习模型（见下图）。这一模型并不是要求固定的程序，而是对儿童学习过程的真实还原。

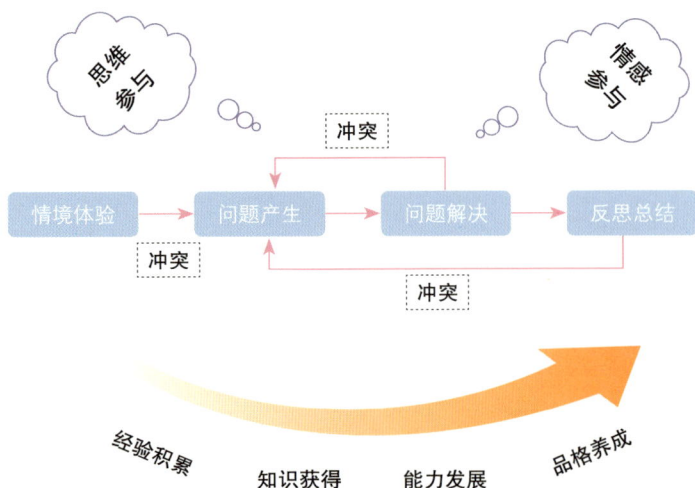

上页图呈现了一个发现、提出、分析和解决问题的全过程：首先，儿童在情境中进行体验，由于情境与已有经验产生冲突而会不断产生疑问。进而，儿童经过思考，这些疑问会转化为可以讨论的问题。然后通过自我探索与合作交流，儿童经历解决问题的过程，运用所学的知识和方法解决问题，或者进一步学习新的知识和方法。最后，儿童在反思中总结所学知识和方法，建立内容之间的联系。

当然，问题的产生绝不仅仅是学习的开始，正如上页图箭头所示，儿童不仅仅会在情境体验的基础上产生问题，还会在尝试解决以及反思总结的过程中不断产生新的问题，这些问题又可以作为新一轮学习的开始。这一过程中，儿童的思维和情感深度卷入和持续参与，他们将获得知识、积累经验、发展能力、养成良好的品格。

2. 真实的情境和真正的体验促使问题产生

让儿童在问题中学习数学，首要条件是儿童能够提出问题，这也是本书第一部分的内容。为了使儿童能够产生问题，营造良好的提问环境是关键。总之，我们需要倾听、鼓励和引导，小心呵护儿童提问的天性，促使他们从敢问、想问，到会问、爱问。

我们知道，儿童的问题往往来源于他们对情境中事物的好奇，当已有经验与情境产生冲突的时候，问题就产生了。因此，我们需要创设丰富而有价值的情境。情境的形式是多种多样的，本书第一部分就介绍了创设情境的几种形式：用好教材中提供的情境图；创设裸情境；设计挑战性的任务和体验性的活动；从已经解决的问题入手；鼓励儿童讲数学故事。这一部分列举的几种形式，都是为了使大家体会到：能激发儿童提问的素材和活动都可以作为情境出现。

需要指出的是，我们要为儿童提供充分体验的机会，即"情境体验"。好的问题往往是儿童在"玩"的过程中萌发的，在"玩味"所学习的事物时产生的，也就是要鼓励儿童找到提问的感觉。

3. 鼓励儿童思维和情感的深度参与

儿童发现和提出问题绝不仅仅是学习的开始，它应该贯穿于学习的全过程，儿童在解决问题的基础上，会不断产生新问题，这一问题又成为新的思考的开始。在此过程中，我们的重要作用就体现在不断激发儿童深度参与和持续思考方面，这也是本书第二部分的内容。

"联想"和"问题接龙"是促进儿童发现和提出问题的有效策略。我们需要鼓励儿童展开丰富的联想，唤起儿童的已有经验，促进儿童提出更多的问题。问题接龙则是借助合作的力量，将问题一个一个接下去。在这个过程中，老师、同伴相互启发，使提问不断走向深入，提问角度逐渐得到展开。

儿童天生具有好奇心，好奇引发了他们各种各样的疑问，这常常表现为"是什么"、"为什么"、"怎么办"，是一种发散思维的体现。但仅仅停留在由原始好奇引发的疑问上是不够的，我们要鼓励儿童进一步思考下去，必要时可以边实践边思考。此时，疑问会得到进一步的聚焦并逐渐清晰，形成一个待研究的问题，甚至形成对结论的初步猜想。于是，儿童就经历了一个"产生疑问—形成问题—提出猜想"的过程。

当然有时候这个过程的三个阶段或某两个阶段会融合在一起，甚至提问者自己都没有意识到。这个过程正体现了儿童的聚合思维。发现和提出一个有价值的问题，需要发散思维和聚合思维的有机结合。而在发现问题、解决问题的过程中，随着思维和情感深入、持续地参与，儿童会不断地提出问题，这些问题不断联结，组成了问题链。

提问本、提问角和"可爱作业"，不仅使源自儿童内心的真问题有了记录、展示的空间，更拉长了儿童思考、研究的时间，每一个问题的背后，都可能蕴含着火热的思考。

总之，儿童在问题中学数学，问题需要不断地发酵，儿童需要深度参与，实现思维和情感的充分碰撞！

4. 问题引领儿童学习

当儿童有机会对自己发现和提出的问题进行真正的讨论时，儿童几乎有用不完的精力和深入探索陌生领域的精神与勇气。很显然，儿童是否能保持不断提问的天性，是否能提出深入的好问题，很大程度上依赖于我们对他们的问题做出什么样的回应。我们需要积极回应儿童的问题，用问题引领他们的学习，这也是本书第三部分的内容。

我们要真把儿童的问题当回事，这是让儿童在问题中学数学的重要保障。关注儿童对问题的探寻过程有利于他们对问题的意义产生更深刻的理解。当提出问题后，应采取多种形式鼓励儿童去尝试解决，鼓励他们经历完整的发现和提出问题、分析和解决问题的全过程。

儿童的问题饱含着智慧，蕴藏着巨大的价值，我们要在理解儿童问题价值的基础上，将儿童的问题和学科核心问题有效链接。我们还要进行整体设计，将儿童的问题作为单元学习的重要线索，围绕着儿童的问题开展单元学习。这不仅可以很好地发展儿童发现和提出问题的意识和能力，激发他们的学习热情，帮助他们积累学习经验，也能更为从容地实现多重教育价值。同时，儿童认识世界的视角是整体性的，必要时我们要打破学科界限，利用好儿童的跨学科问题，引导儿童将问题实现学科内、学科间的梳理与综合。

引导儿童进行必要的反思是非常重要的。反思大家提出了哪些问题、这些问题是如何提出的、这些问题的特点是什么，对于儿童积累发现和提出问题的经验很重要，经历只有被反思时才有可能真正成为经验。

总之，我们期待着儿童能在自己提出的问题中学习数学，用问题引领儿童的学习过程，用问题引领儿童的好奇与自信，用问题引领儿童的探索与交流，用问题引领儿童的思考与实践，用问题引领儿童的发现与创造。

目 录 | CONTENTS

第一部分
鼓励儿童产生问题

> 一个问题就是一个阶梯，到达一个阶梯后，首先看有没有迷雾，拨开迷雾，再上另一个阶梯。
>
> ——北京大学附属小学一位四年级学生

美国当代数学家哈尔莫斯曾说："问题是数学的心脏。"在数学课堂上，问题的不断产生犹如心脏的律动般有力量。好的问题，可以让数学课堂更加厚重、灵动，充满思维的碰撞与峰回路转的荡气回肠。那么，好的问题从哪里来？儿童，应该成为数学问题的重要源泉之一！但是，很多教师有着这样的困惑：学生似乎提不出问题；学生提的问题并不是"真"问题。

我们应该重新唤醒儿童心底那份对"问题"的情有独钟，鼓励儿童提出那些"介于已知与未知之间而又须知"的真实问题。无疑，让儿童能够产生问题，营造良好的环境是关键，创设丰富而有价值的情境是基础，让儿童亲身体验是前提。总之，我们需要倾听、鼓励和引导，用心呵护儿童提问的天性，促使儿童"敢问—想问—会问—爱问"。

本部分的具体建议如下。

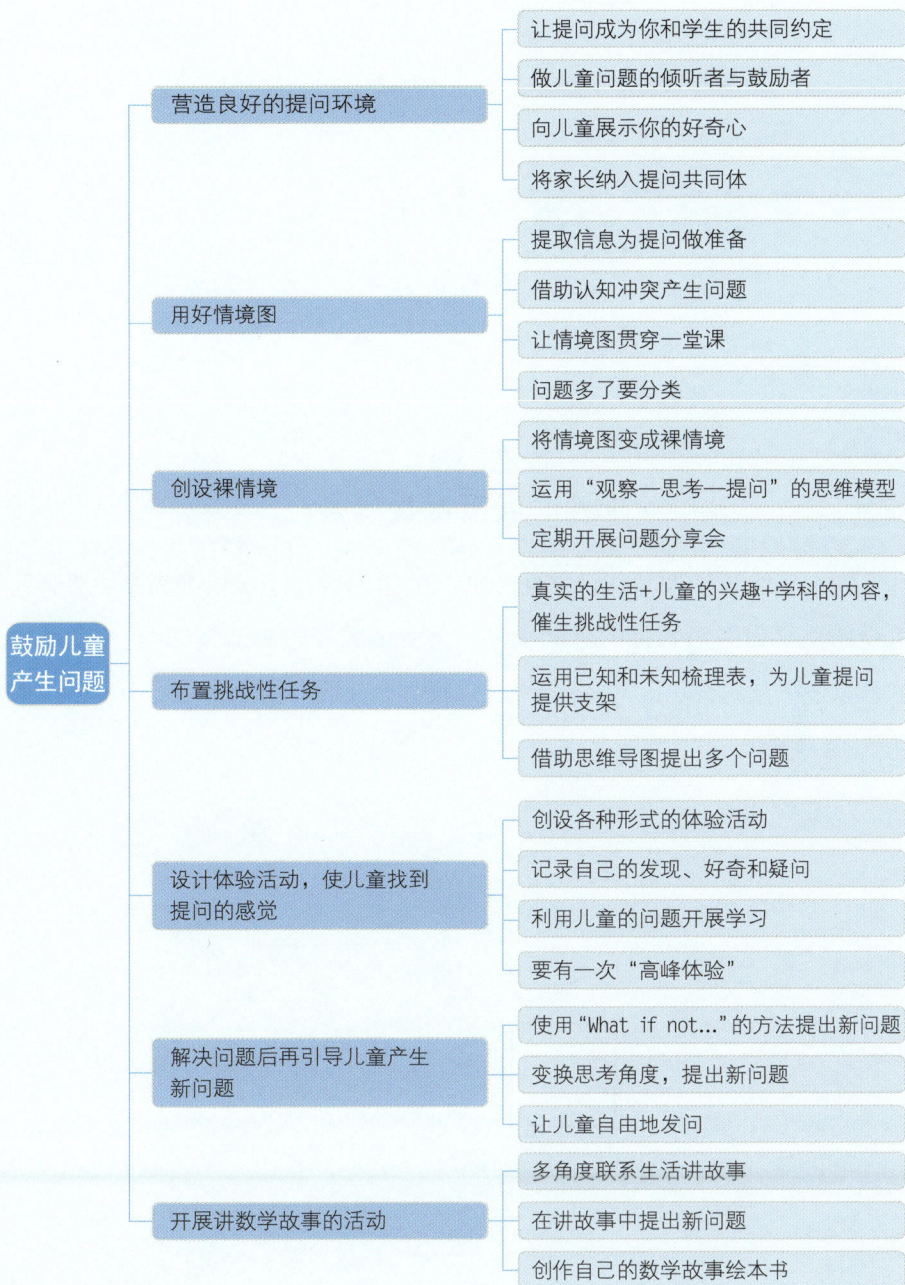

- 鼓励儿童产生问题
  - 营造良好的提问环境
    - 让提问成为你和学生的共同约定
    - 做儿童问题的倾听者与鼓励者
    - 向儿童展示你的好奇心
    - 将家长纳入提问共同体
  - 用好情境图
    - 提取信息为提问做准备
    - 借助认知冲突产生问题
    - 让情境图贯穿一堂课
    - 问题多了要分类
  - 创设裸情境
    - 将情境图变成裸情境
    - 运用"观察—思考—提问"的思维模型
    - 定期开展问题分享会
  - 布置挑战性任务
    - 真实的生活+儿童的兴趣+学科的内容，催生挑战性任务
    - 运用已知和未知梳理表，为儿童提问提供支架
    - 借助思维导图提出多个问题
  - 设计体验活动，使儿童找到提问的感觉
    - 创设各种形式的体验活动
    - 记录自己的发现、好奇和疑问
    - 利用儿童的问题开展学习
    - 要有一次"高峰体验"
  - 解决问题后再引导儿童产生新问题
    - 使用"What if not..."的方法提出新问题
    - 变换思考角度，提出新问题
    - 让儿童自由地发问
  - 开展讲数学故事的活动
    - 多角度联系生活讲故事
    - 在讲故事中提出新问题
    - 创作自己的数学故事绘本书

一 营造良好的提问环境

老师，我可以提问吗？

　　在一年级下学期"认识平面图形"的学习中，小吴老师为学生设计了直观感受平面图形特征的活动——"为立体图形拓脚印"。学生借助手中的学具——长方体、正方体、圆柱、三棱柱，在纸上画出了立体图形的"脚印"（见下图）。

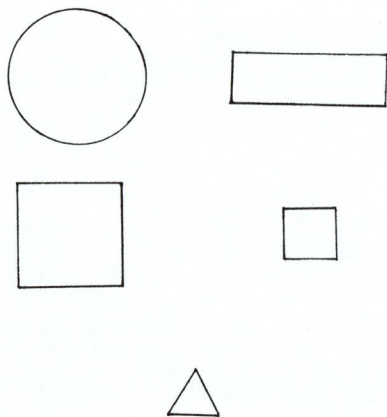

当大家正在认真操作的时候，小李同学悄悄地对小吴老师说："吴老师，我有一个问题，可以问问同学们吗？"他的话使小吴老师心里一震："是呀，我们在课堂上大多交流的是如何解决问题，好像很少交流大家感到好奇的问题。"于是，小吴老师决定和学生们做个约定——

师：小李有一个他感到好奇的问题，想和大家分享，你们想听吗？

大家表示同意。

师：哪位同学也像他一样有问题？

不少学生举起了手。

师：那么我们就做个约定，在学习中我们可以随时分享看到了什么，想到了什么，有什么发现，有什么感到好奇、想问的。

生1：我发现同一个立体图形身上有不同形状的"脚印"。

生2：我还发现不同的立体图形身上也可能有相同的"脚印"。

生3（小李同学）：我就是想不明白，三棱柱身上怎么会长出长方形呢？

师：能提出自己的疑问真了不起。那让我们再拿出三棱柱看看，这是怎么回事呢？

围绕这个问题，学生们再一次拿出三棱柱，从不同角度去观察它。观察后，学生感叹道：哦，原来把三棱柱躺着放，从前面、后面、下面看都可以看到长方形的面，从左面、右面会看到三角形的面。

这节课后，小吴老师和学生就将分享"看到了什么，想到了什么，有什么发现，有什么感到好奇、想问的"作为今后课堂上重要的约定。

老师有一个疑问

一年级上学期"探索规律（加法表）"一课中，在学生经历了填表、涂色（见下页图）的过程后，小吴老师鼓励学生交流发现的规律。学生横着看、竖着看、斜着看，发现了不同的规律。

+	1	2	3	4	5	6	7	8	9
9	10	11	12	13	14	15	16	17	18
8	9	10	11	12	13	14	15	16	17
7	8	9	10	11	12	13	14	15	16
6	7	8	9	10	11	12	13	14	15
5	6	7	8	9	10	11	12	13	14
4	5	6	7	8	9	10	11	12	13
3	4	5	6	7	8	9	10	11	12
2	3	4	5	6	7	8	9	10	11
1	2	3	4	5	6	7	8	9	10

进一步，学生发现了出现次数最多的和是 10，出现次数最少的和是 2 与 18。此时，小吴老师鼓励学生提出问题，教室里鸦雀无声，显然此刻学生没有疑问，于是便有了以下情景——

师：我有一个疑问，为什么出现次数最多的和是 10，出现次数最少的和是 2、18，而不是其他数呢？

生：是呀，为什么 10 最多，2、18 最少？

围绕小吴老师提出的疑问，学生展开了观察和交流。大家恍然大悟，因为能组成 10 的数字组合最多，能组成 2 的只有 1 和 1，能组成 18 的只有 9 和 9。

吴老师说

这两个来自一年级的教学故事给你留下了什么样的印象？儿童的提问旅程就从约定开启了。

先看第一个教学故事。由于小李同学的一个询问，师生之间达成了一个约定——"在学习中我们可以随时分享看到了什么，想到了什么，有什么发现，有什么感到好奇、想问的。"这个美丽的约定，就这样在一年级小朋友的心里慢慢播下了发现问题、提出问题的种子。"三棱柱身上怎么会长出长方形呢?"多好的问题啊,它既是对于立体图形的多角度认识,也发展了儿童的空间观念。教师对于儿童提出的问题认真倾听、积极回应,并鼓励儿童动手操作观察,儿童心中的疑问便一下子被解开了。

再来看第二个教学故事。"为什么出现次数最多的和是10,出现次数最少的和是2、18?"这个问题是教师提出来的,实际上这也是备课过程中教师最初的一个真实的好奇。学生会不会有同样的好奇呢?学生能揭开背后的秘密吗?当学生提不出问题时,教师可以与他们分享自己感到好奇的问题。围绕这个问题,儿童便可以开始观察、交流。教师发现问题、提出问题,其实也是一种很好的示范和熏陶。

不过,儿童发现问题、提出问题意识的培养,不是某一节课或某几节课就可以完成的,应贯穿数学教学的始终。在常态课堂中,创设友善宽松的学习气氛,形成鼓励儿童提问的课堂文化氛围很重要。即便开始提不出问题或提出的问题中有些可能比较幼稚,但只要儿童不断思考下去,发现、提出问题的种子就会在他们的心里慢慢生根、发芽。

为你支招

1. 让提问成为你和学生的共同约定

当你意识到培养儿童发现问题、提出问题能力的重要性时,接下来需要做的就是和儿童达成这样一个约定——在学习中我们可以随时分享看到了什么,想到了什么,有什么发现,有什么感到好奇、想问的。(见右图)如果有疑问,

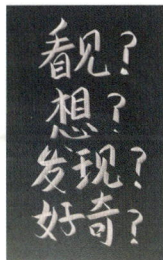

看见?想?发现?好奇?

就把自己的问题提出来。

有了这样的约定后，你需要做的就是给儿童提问的空间和时间，这样一来，提问就成为课堂中必不可少、自然产生的活动了。你可以鼓励学生根据情境发现问题，也可以在倾听别人想法的基础上提出自己的疑惑，或者是解决完问题后提出自己想进一步研究的问题。当然，提问的环境不单纯是在课堂上，也需要延伸到课下，比如在教室里布置"提问角"（详见本书第二部分建议⑮《设立提问本和提问角》）。

2. 做儿童问题的倾听者与鼓励者

你对儿童提出问题的态度会直接影响他们发现问题、提出问题的愿望。作为教师，你对学生的问题不应忽略和敷衍回应，而要成为倾听者和鼓励者，给予积极回应（更多有关积极回应儿童问题的做法，请见本书第三部分建议㊀《积极回应儿童的问题》）。

教师倾听与回应学生问题的不同表现

> **忽略**
> 不做任何倾听的努力，不回应学生提出的问题。

> **假装在倾听，敷衍回应**
> 使学生以为你在听他提出的问题，敷衍回应。

> **有选择地倾听，有选择地回应**
> 只听学生问题中自己讲课需要的问题，并给予回应。

> **积极地倾听并回应**
> 关注学生的每一个问题，试图了解学生问题的含义，并努力给出回应。

> **投入地倾听，积极回应**
> 聚精会神地倾听学生的每一个问题，试图理解学生问题的含义、思考路径及感受，并给予欣赏和鼓励。

作为学生问题的倾听者和鼓励者，你处于哪一个层级呢？

3. 向儿童展示你的好奇心

要想让儿童成为一个善于发现问题、提出问题的人，你就要努力成为一个善于发现问题、提出问题的人。要保持一颗好奇心。教师的好奇既可以源于数学现象，也可以源自生活现象。你要经常向儿童展示自己的好奇心，在适当的时候自然地和儿童分享，还可以与儿童一起讨论、深入研究。你的这种榜样作用会潜移默化地影响儿童，使他们也始终保持好奇之心，并乐于分享自己的发现和问题。

一旦你有了这种意识，很多时候问题资源就会自然而来，你会发现儿童会随着教师的好奇产生新的好奇，这还可能引发新的研究。下面就让我们和学生一起去看云，这里会有哪些问题产生呢？（见下图）

秋高气爽，吴老师带着孩子们来到操场。看着蓝蓝的天空中飘着的几朵白云，孩子们忍不住要和自己喜欢的云合影。教师忙组织分组照相，一组、二组、三组、四组、五组，终于轮到六组了，谁知天上的云彩已经无影无踪了。吴老师好奇地问道："云去哪里了？"这个声音刚一发出，孩子们就着急地举起小手，一连串的问题就这样自然而然冒出来了——

生1：为什么天上的云彩一会儿就消失了？

生2：云彩为什么一会儿消失了，一会儿又出现了？

生3：云彩多长时间消失一次？

生4：为什么有的地方云彩密，有的地方云彩松？

……

吴老师鼓励儿童围绕这些问题去探寻答案。在解决"云彩多长时间消失一次"这个问题时，学生们边观察边计时，不知不觉中就对于时间长短以及如何计算经过时间有了体会和理解，也感受到了数学与生活的密切联系。

就这样，那段时间师生一起迷上了云，一起提问，一起去揭秘云背后藏着的小秘密。

4. 将家长纳入提问共同体

把家长纳入培养儿童发现问题、提出问题的共同体，将非常有利于提问大环境的形成。首先，你要帮助家长理解发现问题、提出问题的能力对于儿童思维力、创造力等发展的重要性。其次，你可以经常与家长分享儿童提出的问题，并请家长关注孩子在生活中提出的问题，鼓励他们探索问题的答案。你还可以鼓励家长记录孩子的问题，在班级交流平台（如微信群）进行分享。分享的问题绝不局限于数学，也可以包括生活中的问题。

比如，在学习完"100以内的数——数数"之后，吴老师给学生布置了数出100粒豆子的小任务，并鼓励大家把自己发现的、感到好奇的、想问的在微信群中进行分享。其中一些问题很快就得到解决，剩下的几个暂时没有解决的问题（如数到100粒还能继续往下数吗？一杯豆浆需要多少粒豆子？）便由学生自愿认领，继续进行研究，并在微信群中分享。吴老师顺势引导家长关注孩子是否有感到好奇的、想问的问题；鼓励家长保护孩子的好奇心，带着孩子一起研究，并把自己感到好奇的地方和孩子进行交流讨论。慢慢地，在吴老师的引领下，家长就自然而然成为儿童的提问共同体中的一员了（见下页图）。

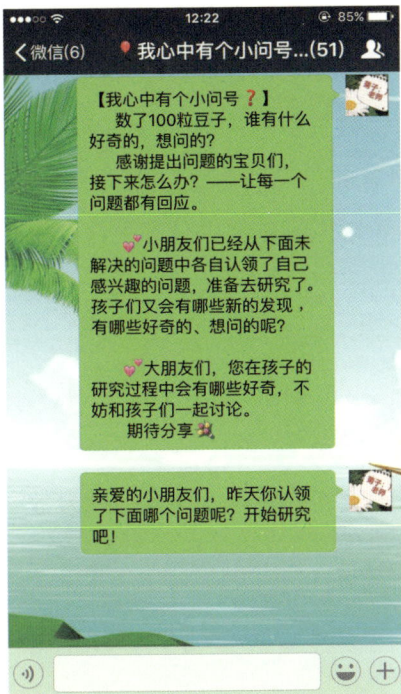

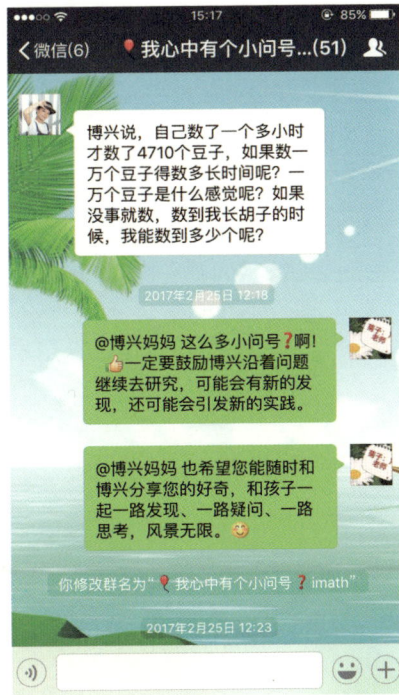

除此以外，还可以开展家校一体的"每周一问"分享活动，对儿童在生活和数学学习中的问题进行持续交流。具体来说，你可以固定每周的一个时间为"每周一问"分享时间，由学生自主申报，围绕自己发现、提出的问题进行分享，也可以介绍自己想研究的问题、研究过程、研究成果、新的发现等。这个活动可以给儿童发现、提出问题提供分享平台，使儿童在持续交流中，问题走向深入，思考走向深刻。

观点聚焦

呵护儿童提问的天性，营造自由发问的环境，让提问成为数学课堂和儿童生活中自然的组成部分！

你的感想与实践

二 用好情境图

到底是几倍呢?

在关于倍的学习一开始时,高老师给出了教材中的情境图(见下图)。

高老师首先引导学生提取信息:"观察这幅图,你能找到哪些数学信息?"

紧接着,高老师抛出另一个问题:"你能根据这些信息提出一个数学问题吗?"有学生提出了用加、减法解决的问题,如:"小鸡和母鸡一共多少只?""小鸡比母鸡多几只?"同学们立刻就给出了答案。

在前期的调研中高老师了解到,学生在生活中积累了一些关于倍的经验，但是大部分学生对倍的认识并不准确。为了激活儿童的生活经验并由此展开学习，高老师将情境图中的信息稍加整理后呈现在课件上（见下图）。

学生们歪着小脑袋立刻思考起来，一会儿又有人提出问题——

生1：小鸡是母鸡的多少倍？

生2：母鸡是公鸡的多少倍？

生3：小鸡是公鸡的多少倍？

高老师顺势引导："同学们提出了关于倍的问题，这是我们要研究的新知识，有没有同学知道答案呢？"

此时有的学生已经按捺不住了："小鸡是母鸡的2倍。"

有的学生高高地举起手："我认为小鸡是母鸡的1倍，母鸡有4只，小鸡比母鸡多了4只，所以是1倍。"

一个小男孩有所迟疑，但还是说出了自己的想法："我觉得小鸡应该是母鸡的3倍，母鸡有4只，小鸡和母鸡一共有12只，12里面有3个4只，所以是3倍。"

有的学生满脸疑惑："到底是几倍呢？好像都有道理。"

至此，高老师带领学生进入新课的学习："到底是1倍、2倍还是3倍呢？今天这节课我们就来研究关于倍的知识，解决这个问题。"

课的最后，高老师问道："现在我们对倍有了清晰的认识，再来看看小鸡一家整齐的队伍，你还有什么新问题吗？"

有学生提出了这样的问题："我想知道公鸡是小鸡的多少倍。我想了半天，可是觉得有点不对劲儿。"

　　问题一出，立刻招来了反对的声音："不对、不对，不能这么说，只能说大数是小数的多少倍！"提问的孩子不甘示弱："也没有这样的规定呀！"此时已经临近下课，高老师为这个孩子的深度思考感到兴奋："孩子，你特别会思考，提出了非常有价值的问题。其实从某种程度上看也可以说小数是大数的多少'倍'，但是'倍数'就要用分数来表示了，到了三年级我们会学习分数。有兴趣的同学可以去查阅资料。就让我们带着这个问题走出教室，继续思考吧！"

吴老师说

　　结合教材中的情境图，鼓励儿童观察情境图从而提出问题，已经成为不少教师自觉的行为。但实践中却经常出现这样的情况：儿童往往提出的并不是自己想了解的问题，而是已经学习过的内容。就像这个案例中，儿童开始提出的都是已经学习过的"一共"、"比多少"的问题。

　　我们知道，问题来源于思维的"冲突"。高老师在学习倍之前进行了学情调研，发现儿童对"倍"这个词虽然不陌生，但大家的理解并不一致。这种"不一致"形成了认知冲突，于是产生了"到底小鸡数量是母鸡数量的多少倍"的问题，激发了儿童要一探究竟的热情。

　　许多老师只在上课伊始时使用情境图，似乎引入了本节课的内容后情境图就没有用处了。其实，好的情境图可以提供促使儿童进一步思考的素材。高老师的整节课都围绕着情境图提供的动物数量关系展开。特别是课的最后，再次观察情境图，学生们又提出了新问题：小的数量是大的数量的多少倍？儿童带着问题和思考走出课堂，有的可能会去查阅资料，甚至有的可能会自己"创造"出一种表示方法。一幅情境图贯穿整节课的学习，既让情境图的作用发挥到最大，又使得整节课的学习一气呵成，可谓一举两得。

👍 **为你支招**

1. 提取信息为提问做准备

当把一幅情境图呈现在儿童面前时，各种信息会扑面而来，因此你首要的任务是帮助他们提取信息。

如果情境图给出的数学信息比较多，你可以带领儿童有顺序地进行观察，然后将提取的信息摘录并且简洁地表示出来。在此基础上将这些信息进行分类，梳理每一类信息之间的关系以及类与类之间的关系，为儿童提出问题做好准备。现以下图为例，看看如何实施这个过程。

【摘录图中信息】

1. 植树的每组有4人，有2组
2. 坐船的每只船上有5人，有4只船
3. 小女孩买了8枝花
4. 小男孩买了12块糖，4个人分糖
……

⬇

【将找到的信息分类】

1. 植树的同学：每组有4人，有这样的2组
2. 坐船的人：每只船上有5人，有这样的4只船
3. 买糖的同学：12块糖，4个人分
……

⬇

【梳理信息之间的关系后提出问题】

1. 植树的同学：每组有4人，有这样的2组——根据这两个数量你能提出什么数学问题？
2. 关于植树的同学的数量和坐船的人的数量，你能提出什么数学问题？
3. 根据我们找到的信息，你还能提出什么数学问题？
……

2. 借助认知冲突产生问题

儿童走进数学课堂时绝不是一张白纸，他们在丰富多彩的生活中、以往的学习中积累了大量的经验，这些经验将成为学习的起点。当新的学习内容与已有经验相匹配时，儿童容易将新知纳入自己的知识系统。但是当学习内容与已有经验相悖时，这自然就产生了冲突，儿童就会产生疑问并生发出问题。这样的问题让他们有了一探究竟的欲望。

你可以通过前期的学生调研了解学生的经验。如在上面的倍的学习开始前，可以给出两组数，提出大数是小数的多少倍这样的问题让儿童谈谈自己的想法。你还可以深入了解儿童答案背后的真实想法，从而了解他们的经验和可能的学习障碍。这样在课堂上你就能有意识地让儿童暴露出原

有的认知，就像教学故事中那样因为对倍的认识不同而产生冲突，引发学习需求。

3. 让情境图贯穿一堂课

情境图通常可以成为呈现信息、催生问题的载体。对情境图提出问题后，整节课就可以围绕问题展开。情境图不仅可以出现在课的开始，还可以在课堂学习过程中、新知学习后发挥作用。

在一堂课的结尾，可以再次回到情境图，鼓励儿童在本节课学习的基础上继续提出想要研究的问题：再次观察这幅图，你还有什么疑问吗？你还有另外想要研究的问题吗？当儿童提出了新的问题后，可以让他们将问题记录在提问本上（详见本书第二部分建议 ⑮《设立提问本和提问角》），课下通过多种方式寻求答案。

4. 问题多了要分类

每节课的学习往往需要根据核心内容设置核心问题，引导儿童在解决核心问题的过程中学习新的知识和方法。但是在给出情境图后，儿童有时可能会提出很多问题，此时你可以根据问题与本节课核心内容、教学目标的关系，对问题进行分类处理（见下表）。

问题类别和相应的处理方式

问题类别	处理方式	
与核心内容相关性不强	（1）简单的问题：当时解决； （2）有价值但不能马上解决的问题：放入提问角（详见本书第二部分建议⑮），感兴趣的儿童课下通过多种渠道尝试解决，解决后将自己的思考过程和答案张贴在问题角，成为全班共享资源	
与核心内容直接相关	这自然成为本节课的核心问题，大家围绕着问题开展学习活动	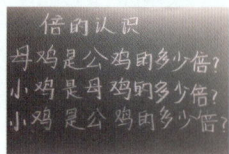

问题类别	处理方式
核心内容的 延伸	可以作为课后拓展作业，也可以放入提问角，鼓励儿童尝试解决，定期组织学生在课堂上交流解决问题的过程、结果和收获

观点聚焦

结合儿童的实际情况，充分利用并适当改造教材中的情境图，为儿童发现和提出问题提供合适的载体。

你的感想与实践

三 创设裸情境

教学故事

为什么照片变得很奇怪

六年级上学期又要教学"比的认识"单元了，刘老师在备课时首先回想起以往的教学流程——出示教材中的情境图（见下图），引导学生观察并思考：哪几张图片与图 A 像？学生通过肉眼即可判断出图 C 和图 E 不像，原因是它们"矮胖"和"瘦高"，之后会把它们放在方格纸里研究长和宽的比。

A

B

C

D

E

一切看似顺理成章，但刘老师总觉得缺少点什么。为什么要研究"像"与"不像"？面对这个现象，学生还能有什么其他的想法和问题？带着这些思考，刘老师最终创设了一个"拉伸照片"的裸情境，让学生亲自动手操作起来（见右图）。学生在充分体验之后，自然而然地发现并提出了很多有意思的问题（见下表）。

孩子们，在做小报等实践作业时，常常需要在文档中插入照片，并调整到需要的大小，不知你有没有留意过这个过程？再试一试，看看这里面有没有你感兴趣、认为值得研究的问题？

学生问题举例
· 为什么拉伸会让照片变得很奇怪？
· 怎样可以既调整图片大小又不让图片变形？
· 怎样拉伸使照片看起来最好看？
· 为什么照片拉伸后变得长长的，很难看呢？
· 如果把边长缩小，面积随着边长会有何变化？
· 图片是如何传到 Word 文档里的？
· 怎样把放大的照片变清楚？
· 能否设计一个软件使我能够最快地找到自己最喜欢的照片？
· 能不能发明一个一次就可以把照片调整至最协调状态的软件？
· 图片放大后清晰度变了吗？
· A4 纸的长与宽是如何确定的？

课堂上，学生互相读了各自提出的问题之后，首先就问题本身进行了讨论。

师：读了别人的问题，你有什么感受，或者受到什么启发？

生 1：我觉得"能否设计一个软件使我能够最快地找到自己最喜欢的

照片？"这个问题很好。我和他有同样的感受，每次做小报的时候都遇到这个问题。虽然我们现在还解决不了，但是没准儿以后就能解决了。

生 2："图片放大后清晰度变了吗？"我对这个问题有点想法。我的实验发现，清晰度肯定是变了，把图片放大很多很多倍之后它就会变得很模糊，而且我发现里面有很多正方形的像素颗粒。所以我认为"怎样把放大的照片变清楚？"这个问题非常有研究的价值，我们可以请教信息老师。

师：说得很好！你们现在每天的学习都是在积蓄未来解决更复杂问题的能力。有的看似不是数学问题，但是在将来解决它们的时候，你们会发现，数学的很多知识、方法甚至思维方式都在其中发挥着重要的作用。

生 3：我觉得"A4 纸的长与宽是如何确定的？"这个问题很好。我们都在关注照片，他关注到了照片背后的纸，思考问题的角度很新颖。

问题的交流让学生有了知识以外的"意外收获"。接着，刘老师又引导学生关注其中的数学问题。

师：再读一读同学们提的这些数学问题，你有什么思考？

生 4：很多问题都是相似的，而且都用了很多形容词。

师：什么样的形容词？

生 5：奇怪、难看、变形、协调……

师：怪是哪里怪？协调又是如何做到的呢？

生 6：长和宽可以同时改变，怪和不怪应该是和长、宽的关系有关。

之后，学生通过联想已有的有关长、宽关系的知识经验，发现需要一个新的概念来描述长与宽的这种关系，"比"的学习需求便自然产生了。

吴老师说

　　裸情境指的是蕴含着丰富信息，但并没有明确提出待研究问题的情境。儿童在这样的情境中形成认知冲突，自然产生了想要思考的问题。根据张丹教授的研究，裸情境有四个主要特点：

　　① 真实性。指的是情境应该来源于儿童生活现实，对于儿童来说是真实可感的。一个真实的情境，如果唤起了儿童的经验，需要解决的问题就自然地产生了。

　　② 挑战性。情境应该具有一定的挑战性，能够引发儿童的认知冲突。这种冲突、这种已知和未知之间的障碍，能够激起人们的好奇心和求知欲。

　　③ 开放性。即情境中包含丰富的信息，可以供人们从多方面、多角度进行思考。杰克·韦尔奇用了"无边界"这一词语，它与开放性有许多相似之处。

　　④ 黏着性。即它往往是令人着迷的，可以激发学生持续思考的愿望。

　　上述教学故事中，"拉伸照片"这个情境就具备了以上特点，一举多得。第一，它更直观，更容易引起共鸣。相比于观察情境图引入来说，儿童真的进行实践操作了，照片是怎样从不怪到怪的，怎样能使怪的照片变得不怪……反复的体验和经历让儿童有的想、有的说。同时，亲自动手操作让照片长和宽的变化更一目了然，使儿童更容易关注到它们之间的关系。

　　第二，它唤起了学生有关关系的学习经验。这些经验一方面促使儿童激发出学习"比"的需求，意识到原有的多少、倍、分数、百分数这些概念与新知识"比"的区别和联系；另一方面也体现了"比"在表示关系上独有的特点。

第三，除了数学问题，儿童在这个裸情境的体验之下还有很多"意外收获"。儿童提到的计算机类等其他类问题也都是非常有意思、很值得进一步思考研究的。如"能否设计一个软件使我能够最快地找到自己最喜欢的照片？"、"怎样把放大的照片变清楚？"等。在日后分析、解决它们的过程中，数学的知识、方法也会得到应用和发展。不过前提是，一定要使儿童的这些问题都能得到尊重和回应。

因此，一个精心设计的裸情境不仅可以使问题自然聚焦到接下来需要学习的内容上，还可以突破学科的限制，引发儿童对于生活现象的关注，打开儿童研究意识的大门。

👍 为你支招

1. 将情境图变成裸情境

裸情境究竟从哪儿来？其实，教材中的情境图就是一个很好的素材。但由于教材中的情境图是静态的，而儿童要想提出有价值的问题，就必须对此情境有体验，或者对此情境有相应的生活经验和学习经验。所以你可以选择合适的情境图，并运用合适的策略对其进行改造。

（1）将贴近生活的情境图变成真实的故事。

在执教五年级"小数除法"一课时，吴正宪老师将教材中的情境图变成了一个大学生聚餐进行 AA 制付款的故事。儿童一下子就被带入进去，问题自然就产生了。下面分享一段课堂上的对话①。

---

① 案例来自于北京教育科学研究院吴正宪老师执教的"小数除法"。

　　师：甲、乙、丙、丁四位大学生，今年毕业了。四个人想一起聚一聚，畅谈今后的想法。他们来到了餐厅，一起吃了饭，并约定 AA 制。饭后结账时，甲拿出 100 元，服务员找回 3 元。生活中会碰到许多事情，我们需要睁开数学的眼睛。此时，他们最想知道的是什么？

　　生 1：每个人应该付多少钱？

　　生 2：也就是另外三个人要给甲多少钱呢？

　　（2）将情境图变成有利于理解知识的体验活动。

　　最前面的教学故事提到，在进行"比"的概念学习之前，可以将教材中直接观察不同长宽比照片的情境图变成拉伸照片的体验活动。在进行了充分的体验之后，儿童更易于发现长宽关系对于照片"奇怪"与"协调"的决定作用，也更易于在对比大小不同但都"协调"的照片的过程中理解比的概念，并且为后续比的化简等相关内容的学习打下基础。

　　（3）将有挑战性的情境图变成开放性的小实验。

　　六年级上学期"百分数的应用（一）"教学中，教材的情境图如下。

冰的体积比原来水的体积约增加了百分之几？说说你是如何思考的。

　　教材直接给出了水和冰的体积以及"水结成冰，体积会增加"的结论，从而引出"一个数比另一个数增加百分之几"内容的学习。这个情境具有一定的挑战性，你可以鼓励儿童实验之后再依据自己的关注点和操作的过程来发现、提出问题。真正经历实践之后你会发现，儿童提问的角度非常丰富，他们不仅能提出"体积为什么会增加"这种原理类的问题，还能在这一个情境中提出与本单元前三节教学内容相关的数学问题（见下表，红框内为与本单元学习内容相关的问题）。

学生问题举例
• 水冻成冰后，体积增加了几分之几？如果冰化成了水，体积会减少几分之几？ • 如何根据水的体积求出冰的体积？ • 一根 80 g 的冰棍，是由多少水冻成的？ • 150 mL 的水在多长时间内能冻成冰？ • 这个体积是 50 cm³ 的冰块需要多久才会完全融化？

因此，裸情境的设计需要你留心生活，和儿童一起用数学的眼光观察世界，用数学的头脑思考世界，用数学的语言表达世界。

2. 运用"观察—思考—提问"的思维模型

那么，在了解了裸情境的特点以及设计裸情境的基本方法之后，如何培养儿童在裸情境下提出问题的能力呢？如果将细致的、极为重要的观察和思考与最初的好奇心联系在一起，就会得到以下方法。

> 观察：我们看见、感受到了什么？
>
> 思考：我们有哪些相关的想法？我们发现了什么？
>
> 提问：我们头脑中有哪些疑惑或问题？有什么好奇的？

基于此，在设计裸情境，让学生完成发现、提出问题的前期任务时，你就可以有意识地引导学生经历观察—思考—提问的全过程，逐渐积累发现、提出问题的经验。例如，在布置操作性任务的同时，你可以给学生提供如下页表格。

运用"观察—思考—提问"设计问题单

我看到了什么	
我有什么发现	
我最感兴趣、认为最值得研究的问题是什么	
我提出这个问题的理由是什么	

在不同的裸情境中坚持做下去，儿童就会逐渐领悟到发现、提出问题的源泉——对真实情境充分的体验和观察，以及在整个过程中的不断思考和发现。

3. 定期开展问题分享会

儿童在裸情境下提出了许多丰富的、有意思的问题，这些问题中与学习内容相关的会被聚焦，从而在课堂上得到研究。其他问题也应得到充分的尊重和回应，唯其如此，儿童才会有再次发现、提出问题的积极性，才会乐于与他人分享自己的问题。同时，这些没有被共同研究的问题可能也蕴藏着很大的思考空间和研究价值。那么，应该如何处理这些问题呢？你可以采取问题分享会的办法。右图为可能的分享流程。

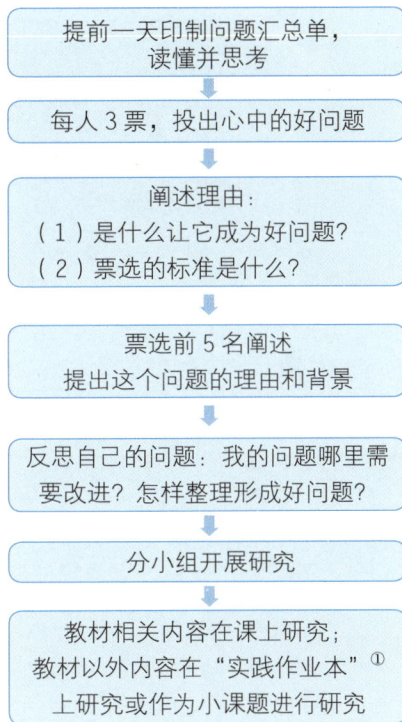

提前一天印制问题汇总单，读懂并思考

⬇

每人3票，投出心中的好问题

⬇

阐述理由：
（1）是什么让它成为好问题？
（2）票选的标准是什么？

⬇

票选前5名阐述
提出这个问题的理由和背景

⬇

反思自己的问题：我的问题哪里需要改进？怎样整理形成好问题？

⬇

分小组开展研究

⬇

教材相关内容在课上研究；
教材以外内容在"实践作业本"[①]
上研究或作为小课题进行研究

---

① 实践作业本，是北京市海淀区实验小学对学生家庭作业的一种新尝试。作业内容由教师和学生共同决定，形式一为应用所学知识和方法解决具有实践性、综合性的问题，形式二为继续研究学生发现、提出但尚未得以解决的问题。频率为一周一次，完成方式可以是个人独立完成或小组合作完成。

观点聚焦

　　教师要和儿童一起留心生活，一起用数学的眼光观察世界，才能将儿童感兴趣的、真实可感的素材变成适合儿童发现和提出问题的裸情境。

你的感想与实践

（四）布置挑战性任务

我们一起做节水宣传手册吧

按照教学进度，乔老师准备下周讲教材四年级上册"数学好玩"单元中的"滴水实验"一课，内容是给纸杯扎孔进行滴水实验，推算出一个没有拧紧的水龙头一年会浪费多少水。正赶上六年级学长给四年级学弟学妹分享"品德与社会"学科的一份作业：《中国水资源情况调查报告》。其中，让人印象最深的是下面的图片：《水资源分布不均衡》。

我国是一个水资源分布差别很大的国家。上页图中左边是干裂的土地，右边却是孩子们在戏水。

当时，这两张对比图在班级内引起了巨大反响，很多学生感叹道："有人浪费水，有人却没有水。我们一定要节约用水！"这个素材引发了乔老师的思考，何不以此为契机开展活动呢？于是，她带领学生们进行了深入讨论。

师：我们真的节约了吗？

生1：有的同学用完水后，不关水龙头就离开了。

生2：水龙头坏了大家也不及时报修，我们经常看见"哭泣"的水龙头。

生3：有的同学涂洗手液时不关水龙头，任水白白流走。

生4：我看见有的同学用饮用水洗手，太浪费了。

……

这时，学生们都感受到，大家应该改变不好的用水习惯，想方设法节约用水。之后，大家开始讨论，用哪种方式去呼吁大家节约用水呢？

师：我们虽然都知道节约用水，但在生活中还有很多浪费水的行为。如何从意识落实到行动呢？

生1：现在是大数据时代，用数据说话，可能更有说服力。

师：不错，数据可以使大家意识到，小小的行为日积月累后却会有很大的影响。

生2：有图有真相，可以图文结合。

生3：还可以制作视频，上学和放学时在校门口的屏幕上播放。

生4：还可以画节水漫画，向一年级同学宣传。

生5：我同意其他同学的想法，不如咱们就做个节水宣传手册吧！把它展示给其他年级的同学或者居民，呼吁大家一起节约用水。

对于这个提议，其他同学纷纷表示赞同，并且提出了更细致的建议。

师：好，大家都想到通过有说服力、受欢迎的宣传作品来呼吁节约用水，并且认同节水宣传手册的创意，那我们就从制作节水宣传手册开始吧。

就这样，"制作节水宣传手册"的挑战性任务就开始了。为了完成这一任务，学生们纷纷提出了问题——

问题1：校园内出现次数排前三名的浪费水现象是什么？

问题2：由于这个现象，整个校园一天会有多少体积的水被浪费？

问题3：这些水相当于多少人一天的饮水量？

……

 吴老师说

从上面的教学故事中你可以发现，"制作节水宣传手册"这个挑战性任务并不是教师直接布置给儿童的，而是在联系儿童的校园生活实际、引发儿童兴趣的基础上讨论生成的。一开始，六年级学长的作业触动了孩子们的心，原来水资源分布并不均衡，我们国家有的地区的水资源这么匮乏，水这么珍贵！但是，当大家回想起校园生活中"哭泣"的水龙头、调皮男生玩水的瞬间等浪费水的现象时，他们意识到："原来我们并没有真正做到节约用水。"这时，孩子们产生了真实而又迫切的需求：用自己的作品让更多的人改变用水陋习，想方设法节约用水。就这样，挑战性任务呼之欲出。

这次挑战性任务基于学科内容而设计，更源于真实的生活和儿童的兴趣。它将教材中给纸杯扎孔进行滴水实验的活动改为寻找校园中浪费用水的现象，并让学生进行实际测量、计算，以了解到底浪费了多少水。这样，孩子们看到的是生活中真实的现象，提出的是真实的问题，完成的是真实的任务。当儿童的好奇心找到了挑战性任务这块土壤，也就植下了问题的种子。作为教师，你需要做的，就是静待花开。

👍 为你支招

1. 真实的生活 + 儿童的兴趣 + 学科的内容，催生挑战性任务

首先，挑战性任务从何而来呢？你可以考虑三个因素：真实的生活、儿童的兴趣、学科的内容（见下图）。你既可以梳理数学甚至不同学科的核心内容，综合起来寻找与真实生活的结合点，设计挑战性任务；还可以从要解决的一个真实问题或要完成的一个现实任务出发，进而确定可能整合的学科内容，从而设计挑战性任务。但是，这些挑战性任务必须以儿童的兴趣和经验为出发点，这样才能为学生发现和提出问题提供土壤。

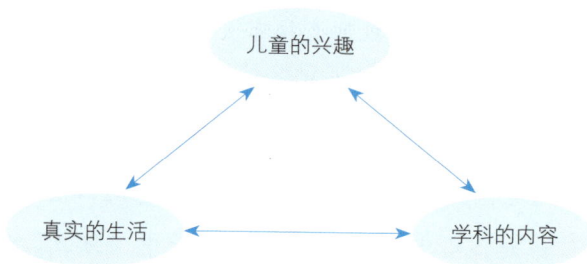

比如上文中的"制作节水宣传手册"活动，它的设计灵感就来自教材中的有关内容。教师把这一内容与学生校园生活中浪费水的情况相结合，设计了"制作节水宣传手册"这个挑战性任务。

还有"设计徽标"学习活动，它的设计源于真实生活中的问题：学校要举办魔方大赛，需要大赛徽标。教师结合教材中轴对称图形的内容和三年级的孩子们喜欢画画这一特点，设计了以下的挑战性任务。

设 计 徽 标

挑战性任务：北京市海淀区中关村第三小学魔方大赛将要在两个月后举行，大赛需要我们设计一个宣传徽标。

设计要求：

1. 包含轴对称图形元素。

2. 符合魔方大赛的主题。

3. 美观大方，受同学欢迎。

2. 运用已知和未知梳理表，为儿童提问提供支架

挑战性任务提出后，儿童在思考如何完成任务的过程中很容易产生一个又一个的问题。但在这个过程中，你也可能会遇到由于任务挑战难度大，儿童无从下手的情况。此时，你就要搭设脚手架，如设计已知和未知梳理表。比如，对"制作节水宣传手册"的挑战性任务，儿童就结合已知和未知梳理表梳理了需要达到的目标、已经知道的和需要知道的信息，在"已知和未知"之间提出了需要解决的问题（见下表）。

已知和未知梳理表

需要达到的目标	已经知道的	需要知道的
同学们能够意识到校园中存在着一些浪费水的现象，由此造成的浪费是惊人的	校园里存在一些浪费水的现象。比如，有的同学洗手后不关紧水龙头；有的水龙头没有关紧；有的同学涂洗手液时开着水龙头	1. 校园内出现次数排前三名的浪费水的现象是什么？ 2. 对于这些现象，整个校园一天会浪费多少体积的水？ 3. 这些水相当于多少人一天的饮水量？

结合这个梳理表，儿童在不断地解决问题的过程中，也推进着完成挑战性任务的进程。

3. 借助思维导图提出多个问题

挑战性较大的任务往往需要儿童从多角度进行思考，提出多个问题。这时你可以借助思维导图来帮助他们思考。你可以鼓励儿童独立画思维导图来提出多个问题，也可以运用思维导图来梳理儿童群体的问题。无论采取哪种形式，你都是在培养他们从多个角度进行思考和提问的能力。下面是六年级学生为完成"为一年级学生设计合适的圆柱形水杯"这个挑战性任务所画的思维导图。

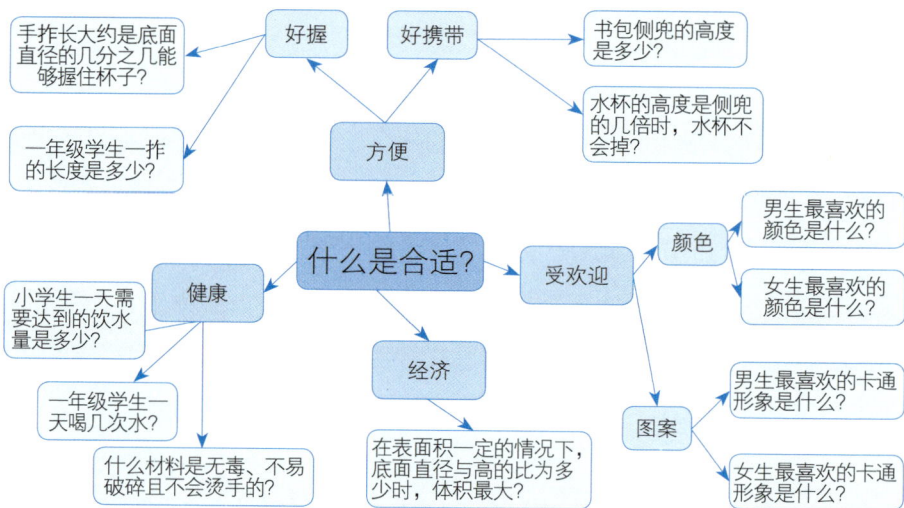

好握
手拃长大约是底面直径的几分之几能够握住杯子？
一年级学生一拃的长度是多少？

好携带
书包侧兜的高度是多少？
水杯的高度是侧兜的几倍时，水杯不会掉？

方便

什么是合适？

健康
小学生一天需要达到的饮水量是多少？
一年级学生一天喝几次水？
什么材料是无毒、不易破碎且不会烫手的？

经济
在表面积一定的情况下，底面直径与高的比为多少时，体积最大？

受欢迎

颜色
男生最喜欢的颜色是什么？
女生最喜欢的颜色是什么？

图案
男生最喜欢的卡通形象是什么？
女生最喜欢的卡通形象是什么？

观点聚焦

儿童在挑战性任务中会产生各种各样真实的问题，这些问题不仅会引领着儿童完成任务，而且将激发儿童富有创意的思考和实践。

你的感想与实践

五 设计体验活动，使儿童找到提问的感觉

老师，它最高到底能长多高？

四年级下学期，教材在"数据的表示和分析"这一单元之前，安排学生先进行一次栽蒜苗的体验活动，目的是使学生经历数据统计的过程，同时为本单元学习统计图积累一些活动经验。当刘老师第一次将"栽蒜苗"的标题板书在黑板上，鼓励学生提出问题时，学生们似乎兴趣不大，应付了事地提出了如下问题：

蒜苗怎么栽？

为什么要栽蒜苗？

蒜苗能吃吗？

学生找不到提出问题的感觉。怎么办呢？干脆让学生先栽起来再说吧。

没想到，随着学生行动的开展，一个一个问题产生了。

"刘老师，刘老师！您说我的蒜苗到底能长多高啊？"小开是一个稍有些淘气的小男孩。自从栽上蒜苗后，他就一直想知道自己的小蒜苗最高能长多高。

那段时间，刘老师每天都会在数学课上专门拿出 10 分钟左右的时间

让学生们聊一聊和小蒜苗有关的趣事。有的学生说蒜苗刚长了一段时间，就被不知情的爷爷割掉吃了；也有的学生互相交流小蒜苗的生长情况，分享经验……孩子们对提问的兴致一下子高涨起来！在刘老师设计的中期总结小问卷中，很多学生都像小开一样，记录下自己的发现和疑问。在后来的汇总中，学生们带着实验后的感受，从不同角度提出了很多有趣的问题。

为什么有的蒜苗长不出来？

蒜头上紫色的东西是什么？

我们自己种的蒜的生长速度代表所有蒜的生长速度吗？

为什么用牙签插进蒜里不会破坏它的生长发育？

大蒜在幼苗期怎样进行光合作用呢？

蒜根那么脆弱，怎么能撑起蒜呢？

蒜苗每天生长的高度一样吗？如果不一样，那是什么原因？

水栽蒜苗能和土栽蒜苗长得一样高吗？

蒜苗最高能长多高？

……

小开的蒜苗在将土栽换为水栽之后，长势一直不错。值得一提的是，他亲手做了"矿泉水瓶房子"——他发现用矿泉水瓶做支架，不仅解决了测量困难的问题，而且后来的数据显示，这种方式还能帮助蒜苗更快、更好地生长！

虽然这一单元的学习已经结束，但小开一直想知道他的小蒜苗最高能长多高，所以他一直坚持栽种，并精心照料小蒜苗。最后，他的小蒜苗一直长到了75厘米（见下页左图）。小开一下子成了全年级的焦点人物，他被邀请到四年级的各个班进行小演讲，并把栽种蒜苗整个过程中的想法、经验以及栽种后产生的新问题分享给大家（见下页右图）。

吴老师说

　　毋庸置疑，让儿童找到提问的感觉是非常重要的。而当第一次面对一个陌生的主题或者任务，如果学生还没有找到很好的提问的感觉，那就需要教师机智地处理遇到的情况。

　　前面教学故事中的刘老师在面对这种情况时，没有急于进行后面的活动，而是让学生先动起来，亲自做栽种小蒜苗的实验，并和他们每天聊聊小蒜苗的事。当儿童来了兴致，有了亲身体验，他们自然就能够从不同的角度提出很多好问题。这些问题才是有生命的，是可以生根和发芽的。

　　这也提示我们，教师要重视儿童"找感觉"的这个过程，对的感觉才能让儿童有正确的思考方向，有更深入思考的需要，这也是教师创设各种体验活动的最终目的。儿童在活动中带着感受去思考，使他们慢慢开始关注到事物的本质，无论是提问角度的多和广，还是将问题进行链条式的深入，都促使他们的数学思维得到持续不断的发展。

👍 **为你支招**

1. 创设各种形式的体验活动

让儿童置身于真实的问题情境中，这一点是非常重要的。如果儿童对于问题情境没有充分的体会和经验，你就需要创造机会让儿童充分体验。比如，在进行"观察物体"单元学习之前，你可以让儿童玩一玩用小立方块搭立体图形的游戏（见下图）。只有当儿童对于事物有了真正的体验和真切的感受，他们才会有迫切需要去做或者弄明白的事情，也才可能会产生提问的需要，提出真问题。

活动体验后儿童提出的问题：

（1）5个小立方块搭在一起，能搭出几种立体图形？

（2）至少从几个角度观察才能完整地记录下立体图形的样子？

（3）中间有"凹槽"的立体图形如何记录？

（4）如果给出一个记录，这个立体图形的样子是什么？

（5）如何根据记录确定需要的最少小立方块块数？

（6）一个立体图形从上下、左右、前后看上去都一样，搭这个立体图形至少需要多少块小立方块？

（7）如何让"建筑"更加稳定？

……

2. 记录自己的发现、好奇和疑问

在儿童进行活动体验的过程中，你首先应时刻关注他们的进展情况，最重要的是要随时督促儿童记录下自己的思考、发现或者疑问。你可以通过设计一些中期总结小问卷或者利用日记等形式帮助他们记录，记录的过程既是帮助他们深入思考的过程，也是帮助他们慢慢形成问题意识的过程。

比如在前面的教学故事中，关于栽种小蒜苗的活动，教师就设计了这样的中期总结小问卷。

"栽蒜苗"活动中期总结小问卷

班级： 姓名：

1. 你的小蒜苗生长得怎么样了？你是否每天按时观察记录？

2. 蒜苗每天的高度是多少？请你记录下来。

3. 你在栽蒜苗活动中遇到了什么困难？是否都解决了？

4. 你有什么发现？还有什么感到困惑和好奇的地方？

---

3. 利用儿童的问题开展学习

在充分了解儿童的困惑和好奇点之后，你要适时利用儿童的问题开展学习。比如在栽蒜苗活动中，可以利用诸如"我们小组的小蒜苗每天生长的高度一样吗？"这些问题，学习折线统计图（见下图）。兴趣是最好的老师，当儿童喜欢一件事情并投入很多的思考后，他们才能提出好问题。而如果他们的好奇点或者疑惑被老师选作学习的资源，他们的学习一定是快乐和富有成效的。

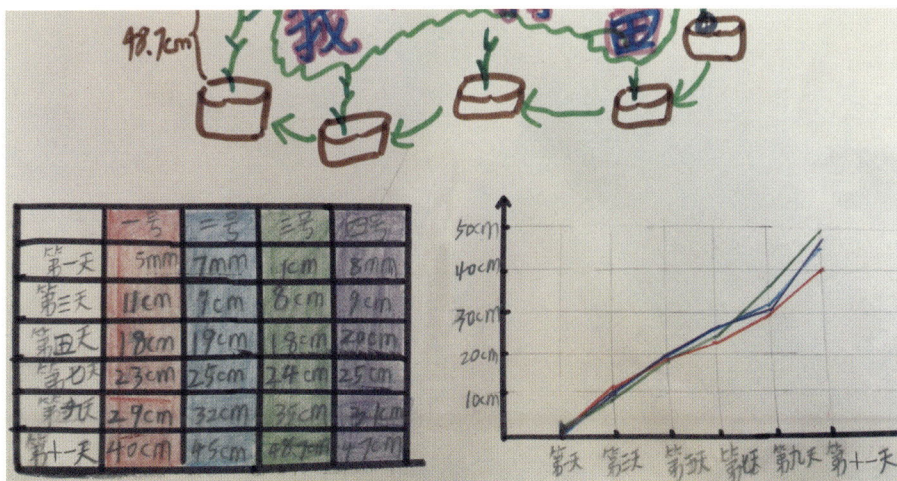

4. 要有一次"高峰体验"

"高峰体验"（peak experiences）是美国心理学家马斯洛提出的一个概念。那是一种发自心灵深处的战栗、欣快、满足、超然的情绪体验。这种兴奋与欢愉的感觉，犹如站在高山之巅。

前面教学故事中的小开在栽蒜苗的整个活动中，可以说就享受到了这样一种情绪体验。小开一直在思考"蒜苗最高能长多高"的问题，然后在自己不断地努力尝试下，他的蒜苗赢得了"全年级小蒜苗之最"的称号，并被邀请到各个班级做小演讲。你可以想象到他获得成功的喜悦，这种喜悦将极大地鼓励他保持提问的热情。就像小开所收获的体验一样，你要尽力通过对每个儿童持续地关注、交谈与鼓励，使更多的儿童获得高峰体验。

观点聚焦

只有当儿童对于事物有真正的体验和感受后，他们才会有迫切需要去做或者弄明白的事情，这时候儿童才可能会慢慢产生提问的需要，找到提问的感觉，提出真问题。

你的感想与实践

_____

_____

_____

_____

_____

（六）解决问题后再引导儿童产生新问题

教学故事

What if not...

你知道"What if not..."是什么意思吗？让我们一起走进四年级姚老师的"乘法分配律"一课——

当探索得出乘法分配律后，姚老师并没有急于让学生巩固练习，而是抛出"What if not..."的英文问句引发学生思考："你们知道'What if not...'是什么意思吗？"学生经过交流，了解了它的意思就是"如果不这样，又会是怎样"。

接着，姚老师鼓励学生用这种方式提出问题。学生瞬间兴奋起来，有的和同桌商量，有的锁眉思考，有的快速记录……大家经过认真思考后纷纷发言，提出了很多问题。

生1：如果不这样，把乘法换成除法，还有分配律吗？

生2：如果不这样，把（a+b）×c的"×"换成"+"会怎样？

生3：如果不这样，把（a+b）×c的"×"换成"−"会怎样？

学生由乘法分配律联想到其他运算，对乘法的这一属性进行了思考。

生 4：如果不这样，把（$a+b$）×c 换成（$a+b+c$）×d 会怎样？

……

学生又由括号里两个数联想到三个数或者更多数进行提问。

"What if not…" 这种方式，可以促使学生从不同角度产生疑问，从而提出问题。现在，你知道这句话的意思了吧——如果它不是这样，那又可能会是怎样呢？

吴老师说

在儿童敢于提问题的基础上，你就需要关注儿童是否能提出问题了。目前，儿童提不出问题的一个重要原因是缺乏提问的方法和途径。上面的教学故事中，在研究了乘法对于加法的分配律之后，教师给足儿童时间，鼓励儿童用 "What if not…" 方法提问。这样既培养了儿童提问的能力，又加深了儿童对乘法分配律意义的理解。

课堂教学的时间虽然有限，但你在教学中一定要有所取舍，给儿童创造一个宽松的发现和提出问题的空间，教给儿童一些提问题的方法，这比多做几道题要更有价值。在解决完问题之后，你就可以选择适当的教学内容，用 "What if not…" 的方式鼓励儿童提出有价值的问题，这是一个非常有效的教学策略。

其实，在解决问题后，还有其他引发儿童提问的方法，如联想、类比、一般化、特殊化，等等。或者完全放手让儿童自由地提出问题，给儿童营造萌发问题的机会、产生问题的时间与空间，让儿童去品尝提出问题、解决问题的快乐。

为你支招

1. 使用"What if not…"的方法提出新问题

布朗和沃尔特对问题提出进行了大量的实证研究后，得到提出问题的一个很有用的方法——对原问题的条件和限定因素进行思考，从而通过自由改变来产生新问题，即所谓的"否定假设法"（What if not…）。这是从原问题出发，产生新问题的非常有效的方法。运用这种方法提出问题有两个关键步骤：首先，列出问题中的属性；而后是"What if not…"，即选择一些属性并对其加以改变来提出问题。

比如在学生解决完下图中的问题（来自北师大版教材五年级下册）后，你就可以利用"What if not…"的方法，引导学生提出新问题。

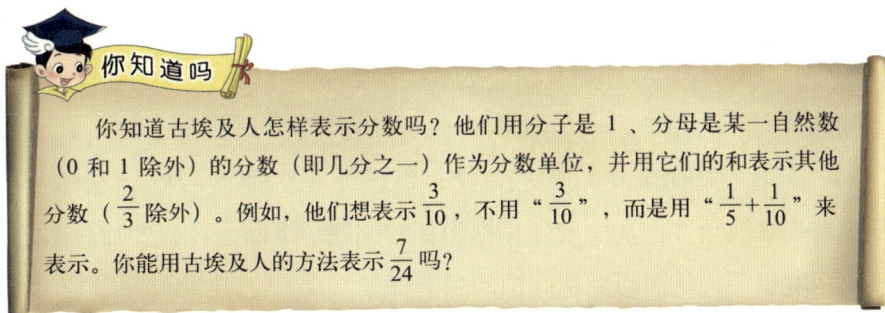

你知道吗

你知道古埃及人怎样表示分数吗？他们用分子是 1 、分母是某一自然数（0 和 1 除外）的分数（即几分之一）作为分数单位，并用它们的和表示其他分数（$\frac{2}{3}$ 除外）。例如，他们想表示 $\frac{3}{10}$，不用"$\frac{3}{10}$"，而是用"$\frac{1}{5}+\frac{1}{10}$"来表示。你能用古埃及人的方法表示 $\frac{7}{24}$ 吗？

运用"What if not…"方法提问的流程如下。

流程图	举例
确定原有问题	古埃及人用分数单位相加表示 $\frac{7}{24}$
分析确定对象,列举它们的各个属性	古埃及人 表示分数 $\frac{7}{24}$ 分数单位 相加
对列举的每一属性进行思考:如果这一属性不是这样的话,那它可能是什么样?	比如:如果不是埃及人,其他国家的人怎么表示?如果不是相加,那可以吗?如果不是 $\frac{7}{24}$,那可以表示吗?
依据上述对各种可能性的分析,提出新问题	古代中国有没有分数? 如果有,那是怎么表示的? $\frac{7}{24}$ 可以表示为两个分数单位相减吗? 还有其他的表示方法吗? $\frac{13}{24}$ 如何表示? 其他分数呢? 任何一个分数呢?
对所提出的新问题进行评估和选择,尝试解决	选择其中的问题尝试解决

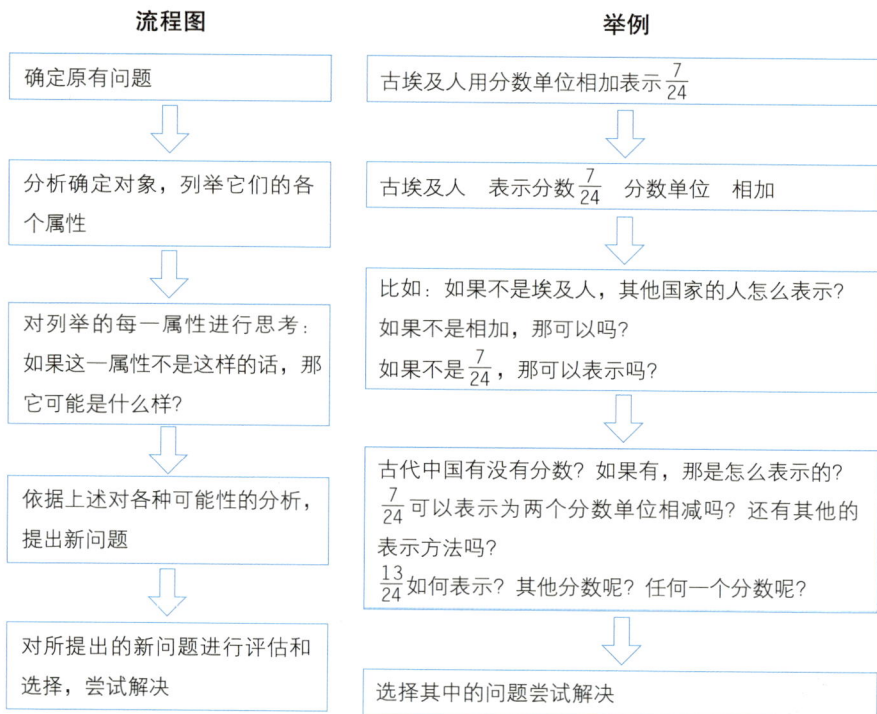

2. 变换思考角度,提出新问题

除了用"What if not…"的方法,你还可以鼓励学生从已经解决的问题出发,变换角度,从而发现和提出新的问题。下面是一位老师总结的从不同角度思考,从而得到新问题的思考框架。

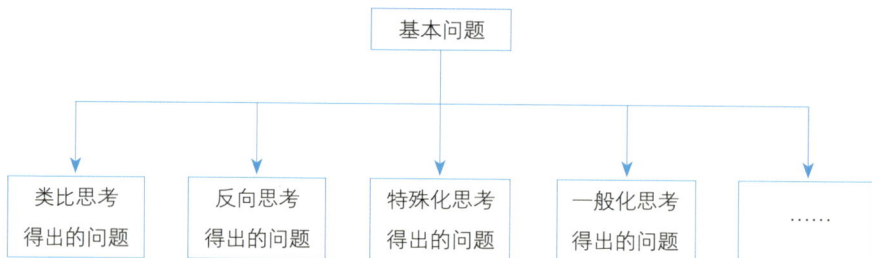

基本问题

| 类比思考得出的问题 | 反向思考得出的问题 | 特殊化思考得出的问题 | 一般化思考得出的问题 | …… |

如在学习"三角形内角和"一课时,学生探索出"三角形内角和为180°"后,你可以引导学生从以上几个角度进行提问。学生可能提出以

下问题——

类比思考得出的问题：四边形的内角和是多少度？五边形、六边形呢？三角形的外角和是多少度？三角形的边有什么特点？

反向思考得出的问题：内角和是 180° 的图形一定是三角形吗？

特殊化思考得出的问题：正五边形的内角和是多少度？

一般化思考得出的问题：n 边形的内角和是多少度？

3. 让儿童自由地发问

有儿童在谈到自己是如何提出问题的时候说道："我就是一直想，想呀想，就想出有趣的问题了。"这句话看似普通，却道出了一个大道理：培养儿童发现和提出问题的重要方法就是要鼓励儿童自由地思考、持续地思考。儿童在解决问题后，你一定要给足他们充分发问的时间，鼓励他们进行思考和交流。你可以询问他们"还有什么困惑？还有哪些想要进一步研究的问题？"，鼓励他们把心中的疑问提出来。你还要为儿童搭建交流的平台，让他们在同伴的启发下产生新问题。

例如，三年级学习完两位数除以一位数除法之后，教师鼓励学生提问，有一位学生提出了如下问题，并放到了提问角中（见下面左图）。对这个问题感兴趣的学生进行了积极思考，并给出了自己的答案（见下面右图）。

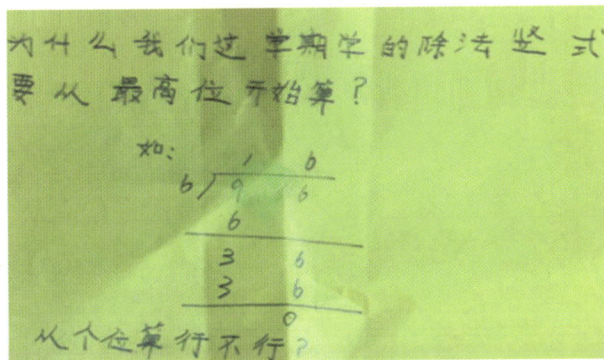
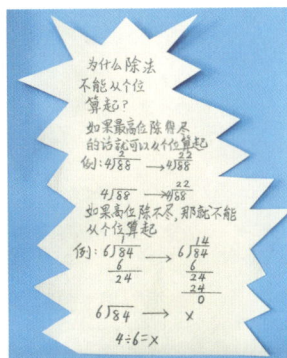

正是在没有束缚的时空中，这个令人好奇的问题才得以产生，它又引领儿童的思维逐步走向深刻，使他们发现问题和提出问题的能力有所发展，从而唤起了儿童进一步研究的欲望，同时也加深了他们对知识的理解。

观点聚焦

利用"What if not..."等方式鼓励儿童在解决问题后提问，不仅是培养儿童提问能力的一种路径，更重要的是让儿童感受到一个问题的解决可能就是新的思考的开始。让儿童的问题不断成为继续学习的动力和源泉吧！

你的感想与实践

七 开展讲数学故事的活动

给算式讲讲故事吧

二年级学习乘法时，于老师在班里开展了一次给算式讲数学故事的活动："同学们，能围绕'4×6'这个算式讲一讲数学故事吗？可以写一写，画一画。"

于是，学生们饶有兴趣地在自己的本子上讲起了数学故事，分别如下——

生1：一束气球里有6个不同颜色的气球，如果要买这样的4束，一共有多少个气球？列式是4×6=24（个）。（见下图）

共有多少个气球？
4×6＝24（个）

生2：家里有4个花瓶，每个花瓶里都插有6枝花，那么4个花瓶里一共有多少枝花呢？可以用4×6来计算。（见下图，图中的"只"应为"枝"）

生3：今天五边形王国要开一个大聚会，来了好多好多的五边形。能算一算现在有多少个五边形吗？（见下图）

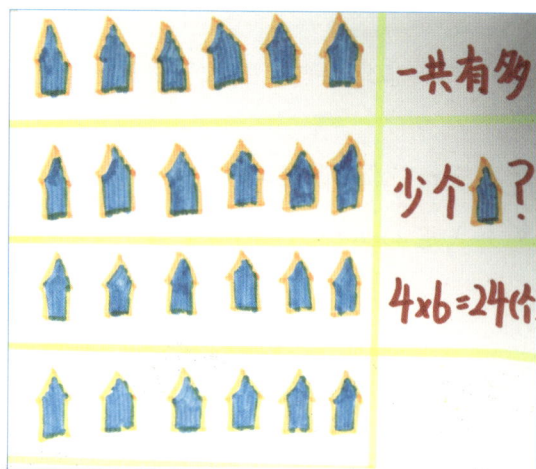

生4：如果一排有6个小正方形，有这样的4排，一共有多少个小正方形呢？如果一排有4个小正方形，有这样的6排，一共有多少个小正方

形呢？这两个问题都可以用 4×6 来计算。（见下图）

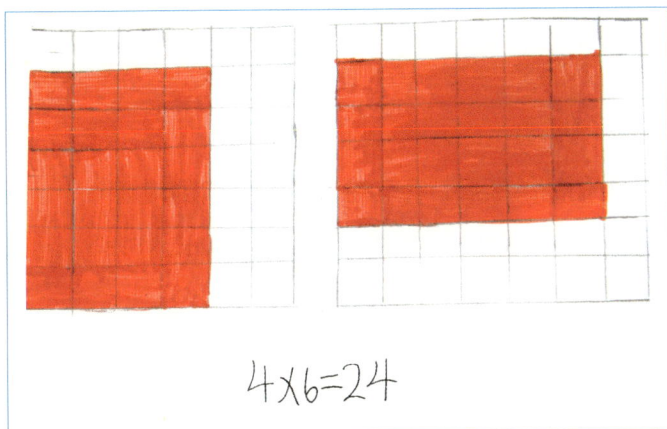

$$4×6=24$$

生 5：商场里有许多漂亮的衣服。1 条连衣裙卖 6 元，买 4 条连衣裙要多少元？1 条裙子（指短裙）卖 4 元，买 6 条裙子要多少元？（见下图）

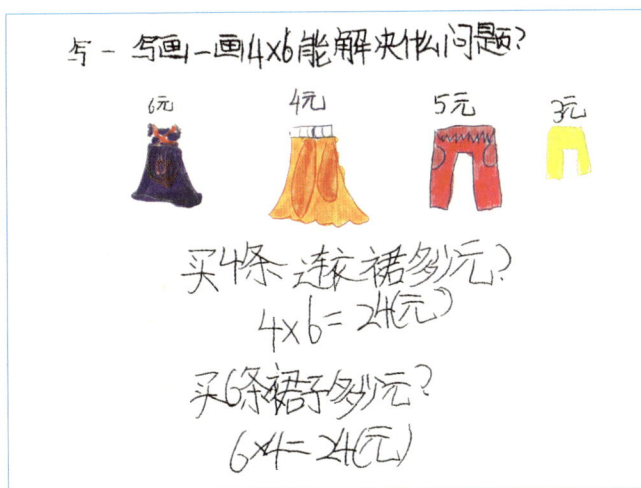

生 6：买连衣裙和买短裙都可以用 4×6=24 元来计算。

生 7：小袋鼠跳一下就能跳 4 个格子。它这样跳了 6 次，一共跳了 24 个格子，用 4×6 来计算。（还把每次跳完后跳了几个格子都标了出来）8

是 4×2，12 是 4×3，16 是 4×4，20 是 4×5，24 是 4×6。（见下图）

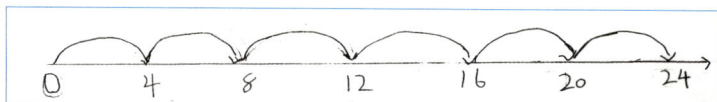

在分享了他们的故事后，有学生又提出了新的问题——

生 8：24 个小正方形还可以组成其他形状的长方形吗？

生 9：小袋鼠接着跳下去，还会跳到哪些格子上？

吴老师说

给算式讲数学故事，这样的学习方式很新颖，也十分受儿童喜欢。每一个儿童观察生活的角度不同，所以他们编出的故事也是丰富多彩的。比如在给"4×6"这个算式编故事的活动中，学生想到了买气球、买衣服、插花这样贴近生活的素材，也想到了抽象一些的多边形个数和小袋鼠跳的格子等。"4×6"的算式在有些故事中表示为 4 个 6 相加的含义，而在有些故事中又表示 6 个 4 相加的含义，不过不论是何种表达方式，都能够看出学生已经进一步理解了乘法运算的含义。

将抽象的数学符号还原成有趣的生活故事，在此过程中儿童会感觉学数学就像做游戏一样好玩，同时也会深切地感受到生活中处处有数学。另外，这个活动也帮助儿童进一步理解了加、减、乘、除四则运算的含义。而理解数学概念的意义，运用数学的眼光观察世界，无疑是儿童发现和提出问题的基础。

在上述教学故事中你还能看到学生在分享了各自的数

学故事后，有人对数学故事又提出了新的问题。根据旧情境提出新问题，可以培养儿童发现和提出问题的能力。也正是由于这一次又一次探索的过程，每一个儿童提问的角度才得以拓宽。

👍 **为你支招**

1. 多角度联系生活讲故事

平凡的生活小事中或许就蕴藏着丰富的、有价值的问题，你要鼓励儿童细心观察生活。每个人的生活环境不同，观察生活的角度也不同，那么对于同样的数学内容就能从不同角度来编不同情境的故事。就像前面的教学故事一样，对于同一个数学算式"4×6"，儿童从生活中的多个方面对它赋予了故事情境，从情境中也更加深入地理解了乘法运算的含义。

无独有偶，在吴正宪老师执教的"小数除法"一课中，她不仅鼓励学生讲讲"51÷2"的故事，而且还引导学生从不同的角度讲故事。

生1：小红有51元，她想分给2个好朋友，每个人先分了25元，还余下1元。这1元如果只分给其中一个好朋友的话，另一个好朋友就会不高兴了，她又不想把它留给自己，于是把1元转换成了10角继续分下去，每人分得5角，每人最后分得25.5元。

生2：有2个人买了51个包子，他们想要平均分。每人先分了25个包子，剩下1个包子2人不够分，于是他们把这个包子平分成了10份，每人5份，每人分到0.5个包子。

师：不分包子了，如果51是一条绳子的长度，谁会分？

生3：一条长51米的绳子，如果把它分成两半，先分50米，每一半就是25米；还有1米没法分，所以把1米变成10分米，这样再分到5分米，就是0.5米。

2. 在讲故事中提出新问题

在儿童讲数学故事的过程中，听的人除了会理解小作者讲的这个故事中蕴含的数学知识外，还可能会根据这个故事提出新的问题。能够对一个数学故事提出不同的问题，这对于儿童来说并不是一件容易的事情。这需要儿童有丰富的"奇思妙想"。

例如，在一次实践作业中，明明同学用绘画的方式描述了他在翻阅报纸时发现的"东方之星客轮翻沉后，为方便救援，救援人员在船底开了洞"这样一个新闻事件，并且自己提出了数学问题——

一天，我翻阅报纸时发现了东方之星客轮翻沉的事，了解到为方便救援，救援人员在船底开了洞。这是多大的洞呢？ 我想到了求面积的数学问题。这个长方形洞的长和宽分别为 0.6 米和 0.55 米，面积是多少平方米呢？（见下图）

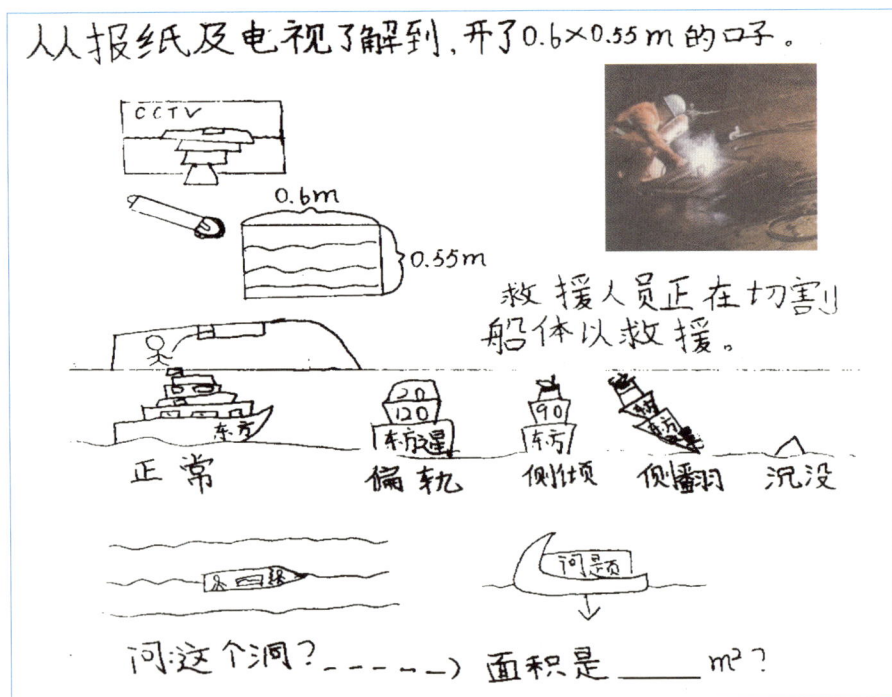

利用这个素材，你就可以在课堂上组织学生们进行交流与分享。下面

就是一位老师鼓励学生们开展的讨论。

师：上节课好多同学为明明的问题点赞，因为他的问题是刚刚发生的真实的事情，富有时代感。可是也有不少同学说他的问题太简单了，那基于这个问题，你能否提一个更富挑战性的问题？

生1：我想问一个问题，为什么这个洞的长和宽分别定为0.6米和0.55米才方便救援？为什么不能开得大一点呢？

生2：我想问从这个洞里每分钟能救出多少人？

生3：我想问凿这个洞需要多长时间？

……

3. 创作自己的数学故事绘本书

你可以在儿童讲数学故事的基础上，鼓励他们创作一本属于自己的数学故事绘本书，并可以在班里一个学期开展一至两次分享自己的绘本故事的活动。这样的分享与展示一定是儿童颇感兴趣的。需要注意的是，你平时要多提醒儿童积累自己的数学故事，不要临时抱佛脚。

比如，在二年级学习了"时、分、秒"单元后，儿童以"时间脚步，快乐周末"为题进行了一次绘本故事的创作（见下图）。在这次的绘本创作中，儿童充分感受到了时间在生活中的作用，也树立了珍惜时间的观念。

儿童最初进行绘本创作时，还需要你适当地做一些指导。比如，告诉他们数学故事绘本书可以是一个小的笔记本，也可以是活页夹；既然是绘本书，就要用丰富的图画来表达自己的故事，当然也可以用一些简短的文字来解释图画；绘本书的设计要有自己的风格；等等。

观点聚焦

生活中处处有数学，儿童可以自己创作丰富多彩的数学故事，在创作中儿童会张大数学的眼睛观察生活！

你的感想与实践

第二部分

促使儿童持续思考

　　在开始鼓励儿童发现和提出问题时，儿童面对着情境，出于原始的好奇心，往往能够迅速提出很多问题。可是逐渐地，儿童的问题仿佛陷入了一种套路，或者问题往往是脱口而出的，并没有融入他们的深度思考。让儿童在问题中学数学，问题的发现和提出应该发生在学习的整个过程中。毫无疑问，问题的不断发酵、产生，正是儿童积极参与学习、思维发生碰撞的具体体现，是实现深度学习的必要条件。

　　那么，如何使问题贯穿学习的始终，点亮儿童学习的过程？你应该力求使儿童单一的视角更加开放；使儿童基于最初的好奇，将散落的疑问变成深入思考后的问题或问题链；使儿童的问题能够延续，在不断发现、提出、分析和解决问题的过程中引领思维的发展。

本部分的具体建议如下。

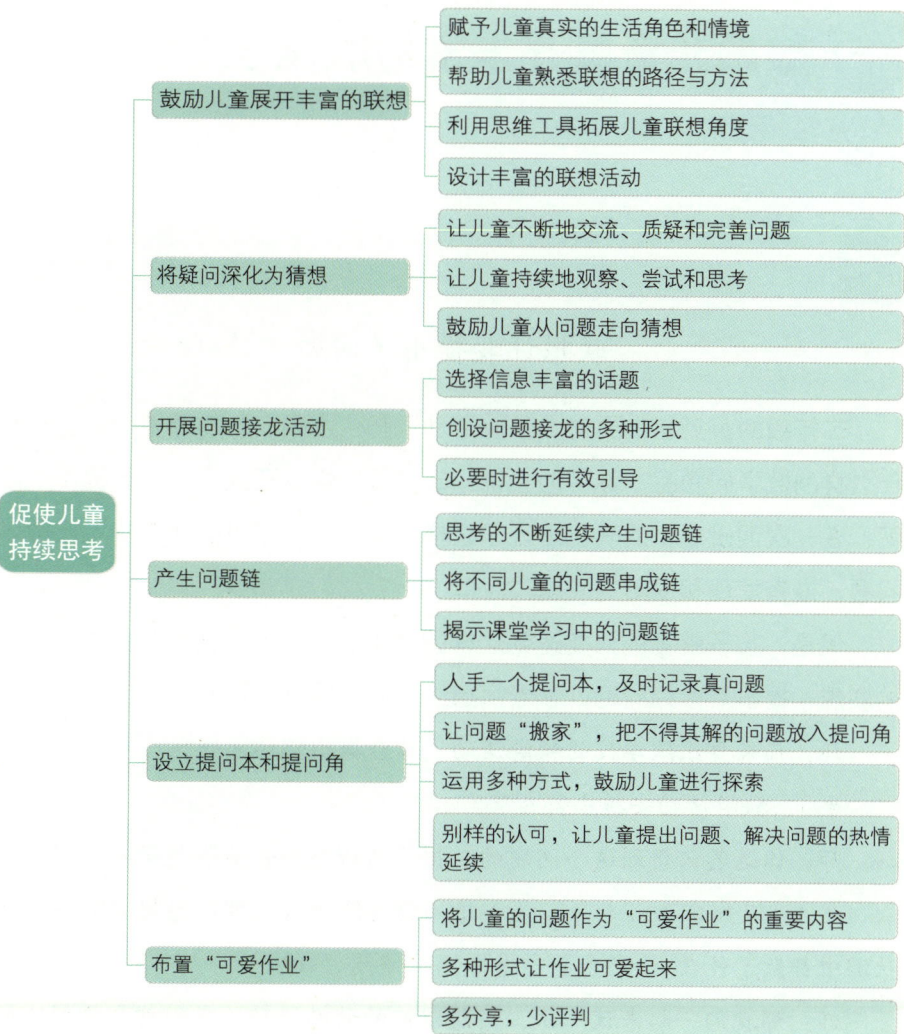

促使儿童
持续思考
- 鼓励儿童展开丰富的联想
  - 赋予儿童真实的生活角色和情境
  - 帮助儿童熟悉联想的路径与方法
  - 利用思维工具拓展儿童联想角度
  - 设计丰富的联想活动
- 将疑问深化为猜想
  - 让儿童不断地交流、质疑和完善问题
  - 让儿童持续地观察、尝试和思考
  - 鼓励儿童从问题走向猜想
- 开展问题接龙活动
  - 选择信息丰富的话题
  - 创设问题接龙的多种形式
  - 必要时进行有效引导
- 产生问题链
  - 思考的不断延续产生问题链
  - 将不同儿童的问题串成链
  - 揭示课堂学习中的问题链
- 设立提问本和提问角
  - 人手一个提问本，及时记录真问题
  - 让问题"搬家"，把不得其解的问题放入提问角
  - 运用多种方式，鼓励儿童进行探索
  - 别样的认可，让儿童提出问题、解决问题的热情延续
- 布置"可爱作业"
  - 将儿童的问题作为"可爱作业"的重要内容
  - 多种形式让作业可爱起来
  - 多分享，少评判

一 鼓励儿童展开丰富的联想

联想让我提出了问题

二年级的小豆包们面对"秋游活动"和"水果店"的情境时，会提出什么样的数学问题呢？你可能会说：二年级？学生还太小，估计提不出啥吧！在一次调研中，的确也出现了这样的情形：低年级的儿童提不出数学问题，或者发现和提出的问题较为单一。

但是，孩子就真的只能达到这样的水平了吗？为了促进儿童展开丰富的联想，提出更多好问题，张老师组织了这样的交流活动。

师：如果要组织学校的秋游活动，你会提出哪些问题呢？

生1：秋游活动安排去哪儿玩？

师：你是怎么想到这个问题的？把你的好办法分享给大家。

生1：假如自己当老师，就去想一想要做什么。可以想想以前我们在秋游中都做了什么。（学生自觉地提出了需要"联想"）

师：那我们一起来试一试，想想以前的秋游活动。我们首先要解决的问题是什么？

生 2：调查一下，全班会有多少人去。

……

在交流中，学生开始联想自己以前的秋游经历，从而提出了有关地点、人数、时间、带的食品数量、花费和租车等问题，问题的角度有了多样的变化。小豆包们通过交流，有了这样的感想："这节课真有收获！开始一个问题都想不出来，可是同学说要从上次秋游的过程来联想，我就开始有了想法……"

之后在"从水果店中发现问题"的学习开始时，张老师鼓励学生回忆秋游活动中提问的好办法，并观察甲、乙两个水果店的情境图，思考还能提出哪些新问题。小贝同学提到可以联想以前和妈妈一起去买水果时遇到的问题，其他学生也纷纷提出了自己的联想。

生 1：把自己想成一个买水果的阿姨。

师：除了把自己想成买水果的人，还可以把自己想成什么人？

生 2：卖水果的人。

生 3：还可以把自己想象成一个大水果。（多么宝贵的"童趣"）

带着这些不同角度的联想，学生们纷纷提出了新问题。

生 4：一个西瓜 10 元钱，30 元钱能买几个西瓜？（这个问题看起来是一个简单的计算问题，但实际上此时二年级的学生还没有学习除法，这是一个来自学生生活中的真问题）

生 5：甲店全部的水果都卖出去一共能有多少元？

师：为什么要知道这个问题？

生 5：我想知道商店把水果全卖了，一共能挣多少钱。

生 6：甲店和乙店各有多少人？我想知道哪个商店更受欢迎。

……

小贝同学在这次学习后有了新的收获："要多联想，比如想想买东西的，想想卖东西的。"

吴老师说

在张老师的课堂上，我们看到儿童产生了丰富的联想，提出了一个又一个的数学问题，有些甚至超出了我们的预期。"联想"是促进儿童发现并提出问题的有效策略。在所有的年级中，儿童都有联想以前的经验来提出问题的意愿。

张老师通过秋游、水果店等儿童熟知的真实情境，鼓励他们联想以前的生活和学习经验，建立了个人经验与数学问题之间的关系，让儿童有了提问的动力和挑战。同时，张老师还注意帮助他们拓展和延伸这样的经验。比如，提示除了把自己想成买水果的人，还可以把自己想成什么样的人，从而为学生提供了多种视角；通过追问学生怎么想到这个问题的，让他们对自己的提问过程有了反思，找到自己产生联想的思维路径。儿童则在这种与教师和同学的交流中，与自己的经验产生了联结，与同伴的思想产生了联结，展开了丰富的联想，生发了更多、更好的问题。

"联想"有效拓展了儿童提出问题的角度，"经验"有效加强了儿童提出问题的深度。那么，如何让这种联想成为儿童的一种自然提问状态呢？如何让儿童的生活经验成为数学思考的材料，促进问题的深入呢？这就需要教师尽可能地利用更多的方法和策略，鼓励儿童展开丰富的联想，唤起儿童的已有经验，促进儿童提出更多的问题。

👍 为你支招

1. 赋予儿童真实的生活角色和情境

真实的生活角色和情境促使儿童产生问题，儿童的问题往往源于他们对真实世界中事物的好奇心和求知欲。你可以提供合适的情境和资源，如故事、视频和情境图等，赋予儿童真实的生活角色，鼓励儿童进行角色想象和角色扮演，如问问自己：假如我是水果店老板、宇航员、儿童玩具设计师、校长……我将遇到什么样的问题？我需要解决哪些数学问题？

这些生活角色，应该来源于儿童的现实生活，也就是对儿童来说是真实的。其灵感可以源于他们身边常见的人（父母、学校中的成人）、社区环境中的资源……也可以源于他们感兴趣的主题，还可以来自于近期社会上发生的热点事件。通过你的设计，儿童将进入真实的角色或情境中去提出问题，并且也开始习惯在现实生活中思考数学问题。

2. 帮助儿童熟悉联想的路径与方法

联想是根据一定的相关性，由一个事物推想到另一个事物的过程。你可以帮助儿童总结联想的路径与方法，这有助于丰富他们的思考。如考虑一种情境中不同方面的信息与已有的知识和经验之间的联系；通过类比，由此及彼，由特例到一般规律，在不同领域之间展开联想……促进儿童深入联想的经验，不局限于真实生活，也可以是儿童以往的数学经验。下表呈现了一位老师总结的几个联想的角度。

联想角度及举例

不同角度的联想	具体的问题
情境联想	学生把自己联想成购物者，提出问题：综合起来，甲店和乙店哪个店的水果便宜？
类比联想	学习了长方形的面积与长、宽有关后，学生联想：长方体的体积公式会不会与长、宽、高有关呢？

续表

不同角度的联想	具体的问题
由特例到规律	在观察日历的过程中，学生从发现一组 4 个日期之间的规律，联想到所有相邻 4 个日期之间的关系，如： $14 \rightarrow n$ 　　 $15 \rightarrow n+1$ $21 \rightarrow n+7$ 　　 $22 \rightarrow n+8$
不同领域之间	在学习了莫比乌斯带的特征后，学生想到用莫比乌斯带播放回文诗（见左图）和做成子弹夹（见右图）[①]。  

3. 利用思维工具拓展儿童联想角度

你还可以不断开发并利用不同的思维工具，如思维导图、"六顶思维帽"等，帮助儿童进行发散性思考，拓展联想的角度。"六顶思维帽"是让儿童戴上不同的思维帽子，呈现不同的思考角度，以给儿童直观化的视觉刺激，并辅以相关问题的引导，激发儿童产生丰富的联想。在学习"两位数除以一位数"的时候，你就可以利用"六顶思维帽"的思维工具，帮助儿童展开不同角度的联想（见下表）。

六顶思维帽

帽子类型	思维角度	问题的引导	生发的联想
白帽子	需要关注情境或问题中的信息和数据	你掌握了哪些数学信息？还需要获得哪些信息？	竖式运算的每一步道理是什么？

---

① 图片案例来自北京市东城区教师研修中心"社会资源教学化开发"项目，史家小学分校李继东老师执教的"神奇的莫比乌斯带"一课。

续表

帽子类型	思维角度	问题的引导	生发的联想
红帽子	进行直觉的感受	说出你此时此刻的感受	除法竖式怎么与其他运算的竖式写法不一样？
黑帽子	进行否定、怀疑，开始合乎逻辑地质疑	你觉得这一定是正确的吗？它符合什么规律吗？	竖式为什么一定要从高位算起？可以从个位开始算起吗？
黄帽子	正面地、建设性地进行思考	这样的方法有什么好处？	古人为什么要发明竖式？
绿帽子	进行想象和创造	还可以有什么好玩的、新奇的、不一样的？	除了竖式，还有什么不同的方法来表示两个数相除的过程？各个国家的除号都长得一样吗？
蓝帽子	负责规划和管理思考过程，进行反思	我们现在进行到哪儿了？下一步是什么？	学会了两位数除以一位数，三位数除以一位数怎么计算？

4. 设计丰富的联想活动

你在课堂上可以设计多种联想活动或问题，为儿童进行联想提供环境。比如，围绕一个概念或一个场景进行丰富的联想，你可以组织儿童进行头脑风暴式的集体讨论，激励他们产生新的想法或观念，为提出不同角度的问题带来可能。如一位教师在课堂上围绕"圆"这个核心词，让学生展开头脑风暴式的联想，找到可能相关的数学知识或概念。学生们呈现了五花八门的答案（见下页图）。

在这种头脑风暴中，便利贴、磁力扣、速写板等小工具都可以帮助你和学生将生发的想法记录下来。

观点聚焦

好的问题需要一些想象，而想象往往徘徊在各种联想之中。鼓励儿童产生不同的联想，带着跳跃的思维去推测，发现联想在提问中的神奇力量吧！

你的感想与实践

二 将疑问深化为猜想

　　"反弹高度"是教材六年级上册"数学好玩"单元的一节，属于"综合与实践"领域。在这节课当中，教师首先让学生观察现象，亲自尝试（见下图），然后提问："结合刚才的情境，你想到了什么？有什么问题？"学生提出了以下问题，但这些问题还是比较模糊的。

　　① 球弹了多高？

　　② 球能弹几次？

　　③ 球为什么会反弹？

　　……

例如，其中第一个问题"球弹了多高？"是某小组生 2 提出的问题，问题中并没有明确是什么球、从多高落下、是第一次还是第几次弹。对这些模糊的问题，学生需要进一步明确后才能开展研究。

为此，教师安排了小组内交流的活动，让大家交流每个同学问题的意思，并提出完善的建议。下面就是对生 2 问题的小组交流。

生 1：我对"球弹了多高？"不太清楚，它指的是什么意思？

生 2：我的意思是篮球落地后弹起的高度是多少。

生 3：我觉得有问题。篮球从 50 厘米的高度落地后弹起的高度与从 1 米的高度落地后弹起的高度肯定不一样！你们看——（拿起球给小组的伙伴演示）

生 4：对，这个问题不太明确。

生 2：那就固定一个高度。篮球从 1 米的高度落下后弹起的高度是多少？

经过组内的交流，大家发现生 2 原来的问题已经变得明确一些了，但仍然没有说清楚篮球是如何落下的以及是第几次反弹的高度。接下来，全班进行了交流。

生 5：我认为第一个问题还不够清晰，因为篮球怎么落下也很重要。松手的时候不能用力，应该让篮球自然下落。

生 6：第一个问题还应该写清楚是哪次弹起的高度，这样其他的同学就知道求的是哪次的高度。

生 7：地面的材料不同，也会影响反弹的高度。

……

在全班交流的基础上，生 2 再次修改了他的问题：

篮球从 1 米的高度自由下落到教室的地面上，第一次弹起的高度是多少？

带着这样的问题，学生们开始了实验。但在其后的过程中，生 2 所在的小组还碰到了一个问题，即"到底应该如何测量从 1 米的高度自由下落到教室地面上后第一次弹起的高度"，因为每次弹起的高度都有些许的不同。经过小组商议之后，他们觉得应该用多次测量来计算平均值的方法，并确定要测量 5 次。　在实验的过程中，教师提示各小组："在做的过程中，大家有什么新的发现、新的想法，都可以交流。"生 2 所在小组做了几次实验后，发现反弹高度大约都是 60 厘米，于是提出猜想："会不会篮球从其他高度自由下落到教室地板上，第一次弹起的高度也都是开始下落高度的一半多一些？"

吴老师说

在面对一个陌生的事物时，儿童天然地会产生很多疑问，这常常表现为"是什么"、"为什么"、"怎么办"。这些问题有时候模糊不清，或者只是儿童的一个念头，并没有得到深入思考。我们要细心呵护儿童的这种原始的疑问，因为这就是他们发现的源泉。但仅仅停留在由原始好奇引发的疑问上是不够的，教师应鼓励儿童进一步思考下去，必要时还可以边实践边思考。

我们来看上面的教学故事，一开始在初次观察和体验之后，生 2 提出了问题："球弹了多高？"看啊，这个问题多么直接，就是对他自己初次观察到和体验到的事物的直接表达。可是到底是从多高下落呢？到底是自由下落，还是用力下落呢？到底是第一次弹起的高度，还是第二次弹起的高度呢？显然这个问题有些模糊不清，我们可以把这样的问题称为"疑问"。那么，疑问是怎样变成问题的呢？通过上面的教学故事，我们可以看到，在学生持续思考和尝试的基础上，经过同伴之间的互相交流和质疑，疑问逐渐变成了一个研究的问题。

接着，学生开始了实验的过程。这既是儿童尝试解决问题的过程，也是他们不断发现和提出猜想的过程。于是，生 2

的小组提出了新的问题，其实这个问题是他们的一种猜想。总之，从产生最初的疑问到形成一个明确的问题，再到儿童可能提出的猜想，儿童的思考越来越深入。

👍 为你支招

1. 让儿童不断地交流、质疑和完善问题

杜威在《我们如何思维》一书中提出思考的过程一般包含了五个关键步骤（见下图），其中第一步就是感受到困难、难题，第二步则是弄清它的定位和定义。他指出，在感受到困难时，困难往往就已相当清楚，因而马上就可以考虑能用什么办法予以解决。但也有可能是首先只感受到有困难或麻烦，但还不明确问题是什么，需要第二步再界定问题之所在及其性质①。而这里的"界定问题之所在及其性质"就是要形成一个明确的问题，这恰恰可以通过师生或生生互动来补充完善。

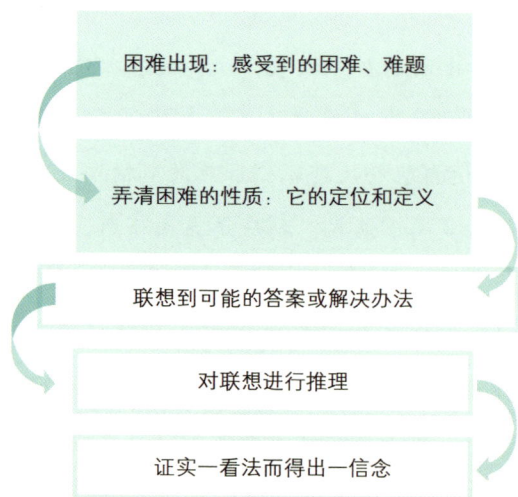

困难出现：感受到的困难、难题

弄清困难的性质：它的定位和定义

联想到可能的答案或解决办法

对联想进行推理

证实一看法而得出一信念

---

① 杜威 . 我们如何思维 [M]. 伍中友，译 . 北京: 新华出版社，2010: 60-63.

这是因为在面对一个陌生事物的时候，儿童最初提出的问题往往是个体对于观察和体验到事物的直接反应，隐去了儿童内心中一些自己清楚或未经深思自己还不明确的限定条件。但别人去理解的时候，就会对问题提出追问，继而促使儿童进一步思考，从而不断完善问题。

前面的教学故事体现了一个问题形成的过程，我们可以看出"疑问"在这个过程中逐渐变得明朗、清晰和具体。这里的互动有两个阶段：第一阶段为组内的交流、质疑和完善；第二阶段为全班的交流、质疑和完善（见下图）。

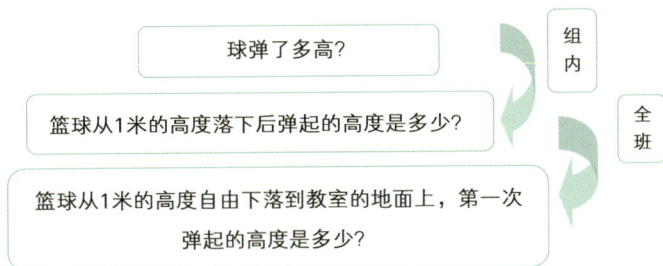

2. 让儿童持续地观察、尝试和思考

想象力是产生奇思妙想的必要条件，但它还需要将儿童发散的想法相互联结起来，也就是要在发散的基础上聚焦。这一过程离不开儿童持续的观察、尝试和思考，也就是要能够"好（hào）奇、好（hào）思和好（hào）做"（见下页图）。在上面的教学故事当中，生 2 通过观察和亲身尝试，看到篮球反弹的过程，并因为好奇提出了自己的疑问："球弹了多高？"其他几位学生的质疑也是出于对生 2 所提出疑问的好奇，因为他们听不太懂生 2 的疑问。同样，生 2 之所以能够提出这个问题，也正是因为他在这个过程中的思考（好思）和动手实践（好做）；而其他几位学生之所以能够进行质疑和完善问题，也正是因为他们在这个过程中的思考（好思）和动手实践（好做）。

因此，你应该给儿童提供"长时间思考问题"的机会，并通过追问、鼓励、评价、组织交流等方法促使儿童持续地尝试和思考。

好思

好奇

好做

3. 鼓励儿童从问题走向猜想

2011 年版课标在谈到创新意识时指出，"归纳概括得到猜想和规律，并加以验证，是创新的重要方法"，由此可见提出猜想的重要性。

你不妨适时鼓励儿童经历"产生疑问—形成问题—提出猜想"的过程。当然，有时候这个过程的三个阶段或某两个阶段会融合在一起，甚至提问者自己都没有意识到。发现和提出一个有价值的问题，需要发散思维和聚合思维的有机结合。如在上面的教学故事当中，生 2 一开始观察现象、亲自尝试的时候是思维在进行发散，在这个思维发散的过程中他产生了"疑问"；生生之间的不断交流、质疑是一次思维聚合的过程，形成了研究的"问题"；而生 2 在之后的持续观察、尝试和思考就属于又一次的思维聚合。在思维不断聚合的过程中，该生和他的小组同学提出了猜想："会不会篮球从其他高度自由下落到教室地板上，第一次弹起的高度也都是开始下落高度的一半多一些？"

需要注意的是，你不用对儿童提出的问题一一区分，看哪个是疑问、哪个是问题、哪个是猜想，因为儿童由于好奇提出的所有疑问都是需要保护的。你需要做的是不能仅仅停留在儿童原始的"疑问"上，而要针对某些疑问鼓励他们深入探索和发现下去。当儿童可能出现猜想苗头的时候，一定要及时捕捉，并加以鼓励，从而使猜想得以生成。

> 学生自己发现和提出问题是创新的基础；独立思考、学会思考是创新的核心；归纳概括得到猜想和规律，并加以验证，是创新的重要方法。
>
> ——2011 年版课标

观点聚焦

儿童的疑问很多时候只是由于情感上的波动或内心中的冲突所产生，他们感到惊愕、困惑和不解，一时还想不清楚是怎么回事，这时就需要仔细观察、勇敢尝试和交流，甚至要经历煞费苦心的思考。只有这样，才能够将问题和想法不断明确和聚焦。

你的感想与实践

三 开展问题接龙活动

问题也能接龙呀！ ①

王老师带着学生来到游乐园，在摩天轮前排起队（见下图）。

　　他们玩起了成语接龙的游戏：一心一意—意气风发—发扬光大……这样的场面让王老师眼前一亮，最近班里学生提问题的兴趣不是很高，还形

----

① 此教学故事由北京小学长阳分校吴桂菊老师提供。

成了一定的套路："是什么？为什么？有什么用？"如何让学生深入思考下去？王老师灵机一动，何不来个问题接龙？王老师的提议得到了孩子们的响应。有的学生立刻好奇地问："什么是问题接龙呀？"小 A 说："我觉得问题接龙就像成语接龙那样，只不过接的是我们自己提出的问题。"王老师补充说："一个问题接着一个问题去提，需要注意的是我们提出的问题应是在上一个问题基础之上提出的。"从什么问题开始呢？这时小 B 指着摩天轮说："我对这个摩天轮挺好奇的。"就这样，问题接龙在儿童的对话中开始了。

问题 1：这个摩天轮一共有多少个座位？

问题 2：每个房间有多少个座位？

问题 3：2 个房间有多少个座位？

学生的问题出现了简单重复，王老师及时引导归类："问题 2、问题 3 都是为了解决问题 1 而提出的。换个角度想想，还能提出其他问题吗？"

问题 4：座位是什么形状的？（教师鼓励道："好，换了一个角度。"）

问题 5：每个座位有多宽？

问题 6：座椅和靠背是由直角还是钝角组成的？

问题 7：座位是什么颜色的？

问题 8：房间有窗户吗？

问题 9：窗户可以打开吗？

学生们好像是在为了提问而提问，而且只关注细节方面。能否让他们打开思路，观察一下整体呢？王老师提示："除了对座位、窗户感到好奇，整体观察一下，你还有什么想问的吗？"

问题 10：摩天轮有多高？

从局部观察到整体观察，儿童提问的视角发生了变化。于是王老师急忙追问："你是怎么想到这个问题的？"小 C 回答："摩天轮看上去很高，我想知道它有多高，怎么能测量出来呢？"

看着学生好奇的眼神，王老师做了一个小调整："后面的同学既可以再提出新的问题，也可以提出解决摩天轮有多高的相关问题。"

问题 11：摩天轮的高度比 10 层楼的高度是高还是低？

问题 12：所有房间高度的和是摩天轮的高度吗？

王老师又带着学生仔细观察摩天轮，大家发现摩天轮的高度应该比其大圆的直径还要高一些。

再次观察摩天轮，又引发了新的视角产生。

问题 13：运动中的摩天轮是逆时针旋转还是顺时针旋转？为什么要这样？

问题 14：摩天轮从起点到终点转一圈需要多长时间？

问题 15：摩天轮每圈转的时间一样吗？

问题 16：从起点到最高点要花多长时间？从最高点回到起点又要多长时间呢？

问题 17：光绕地球转一圈需要多长时间？（虽然看起来有点跑题，但这种联想也是很可贵的）

问题 18：为什么把摩天轮设计成圆形的？（学生回答："那是因为每个辐条要一样长。我刚才求高度时看到了。"）

问题 19：摩天轮能不能是其他形状的？不能是长方形、正方形、三角形吗？辐条不一样长是一种什么感觉？

时间过得飞快，大家已经坐上摩天轮了。他们好奇地张望着，看看座椅的形状，看看周围的建筑物并和摩天轮比一比……还有的拿着表想测测转一圈的时间。大家纷纷表示："今天真高兴，原来问题也可以接龙呀！"

吴老师说

通过这个问题接龙的游戏，我们发现儿童真的不简单，他们借助摩天轮这一话题，提出了丰富的问题。首先是对座位、窗户产生了好奇，接着又关注到了摩天轮的高度，然后又提出摩天轮如何转动以及转动时间的问题。特别是围绕着

"摩天轮有多高"、"转一圈需要多长时间"、"为什么把摩天轮设计成圆形的"的讨论，他们已经通过同伴之间的思维碰撞，将所观察到的现象变成了火热的思考：从关注细节到关注整体，从静态观察到动态观察，从观察现象提出问题到通过联想提出问题，从提出问题加以解决到再次提出问题……问题接龙这种方式，像玩的游戏一样，学生喜欢玩，而且它的氛围是宽松的，能够让儿童展开想象的翅膀，思维自由驰骋。由于在玩的过程中需要一个接一个进行，因此每个人都必须认真倾听、观察、思考、联想，要有一种坚持下去的信念。在这个过程中，老师、同伴相互启发，就能够让提问不断深入，提问角度逐渐展开。

当然，问题接龙也不总是一帆风顺的，有时候会重复简单的问题，打不开视角；或者提不出问题，接不下去。这就需要教师的有效介入与引导。从上述教学故事我们看到教师三次出手，这对于儿童思维的打开与走向深入起到了助推作用。第一次，当儿童在"有多少个座位"这个点上出现问题重复时，教师引导儿童："换个角度想想，还能提出其他问题吗？"第二次，当他们局限在座位、窗户等细节方面时，教师提示大家："整体观察一下，你还有什么想问的吗？"这时，儿童的观察角度从局部到了整体。第三次，当学生提出了有价值的问题时，教师及时询问"你是怎么想到这个问题的"，并且及时调整，鼓励儿童通过提问尝试解决问题。由此可以看出教师的及时引导、追问是必不可少的，这样才能将提问不断地引向深入，把视角不断地打开。在教师的引领下，儿童经历了观察、联想、猜测，时而串联接龙，时而并联接龙……最终形成了一条带着好奇、想象和思考的长龙。

👍 为你支招

1. 选择信息丰富的话题

好的话题是开展问题接龙的基础。什么是好的话题？在课堂中，老师们最常用的是根据课本中提供的情境图提出问题，但是往往由于情境图的信息较为单一，儿童只能提些加、减、乘、除的问题。研究表明，具备新颖性、复杂性、不确定性和冲突性的事物都能够引发人们的好奇心，促使人们去探索和研究。[①] 因此，你要为儿童提供隐含丰富信息的情境，如生活中存在的儿童感兴趣的现象、关注的热点问题等。如果能带着生活经验、学习经验产生丰富的联想，那么儿童的话题就会很多，便于从多方面、多角度提出问题，力求在问题接龙中能够有话可说。

2. 创设问题接龙的多种形式

问题接龙的形式是多样的，你可以进行"纯问题"的接龙；也可以进行"提出问题—尝试解答"的接龙；还可以让一位学生提出问题、下一位学生尝试解答、再下一位学生对同伴提出的问题进行评价（喜欢不喜欢、有没有趣、对自己是否有挑战等），也就是"提出问题—尝试解答—进行评价"的形式。

下面我们具体来看"纯问题"的方式：一个问题接着一个问题不断问下去。根据所提问题的关系，它又可分为以下三种形式。

① 串联式。即由一个问题不断衍生出新问题，且这些新问题是对上一问题的不断细化（见下图）。

运动中的摩天轮是逆时针旋转还是顺时针旋转？	➡	摩天轮从起点到终点转一圈需要多长时间？	➡	摩天轮每圈转的时间一样吗？	➡	从起点到最高点要花多长时间？从最高点回到起点又要多长时间呢？

---

① Kashdan, Rose, Fincham. Curiosity and exploration: Facilitating positive subjective experiences and personal growth opportunities[M]// 巴雷尔. 教会学生探究. 姚相全，译. 北京: 教育科学出版社，2016:15.

② 并联式。即就同一话题从不同角度提出问题（见下图）。

```
                        摩天轮
        ┌──────────┬──────────┼──────────┬──────────┐
        ↓          ↓          ↓          ↓
  ┌──────────┐ ┌──────────┐ ┌──────────┐ ┌──────────┐
  │这个摩天轮一共│ │摩天轮有多高？│ │摩天轮从起点到│ │为什么把摩天轮│
  │有多少个座  │ │          │ │终点转一圈需要│ │设计成圆形的？│
  │位？        │ │          │ │多长时间？   │ │          │
  └──────────┘ └──────────┘ └──────────┘ └──────────┘
```

③ 串联、并联混合。即就同一话题从不同角度提出问题，并对某一问题深入思考后产生新问题。

3. 必要时进行有效引导

在问题接龙的过程中，儿童是主角，但作为教师，你也需要适时进行有效引导。你的引导作用通常体现在下面的几个方面（见下表）。

问题接龙中教师的引导作用

学生出现的情况	教师的作用	教师可进行的引导
问题出现简单重复	引导儿童转换角度	① 及时总结。比如："看看这几个问题说的是不是一件事情？" ② 进行提示。比如："换个角度想想，还能提出其他问题吗？"
接不上来了	帮助儿童寻找思维的迸发点	① 鼓励联想。比如："想一想以前遇到过类似的情境吗？对你有启发吗？" ② 提示角度。比如："我们看看摩天轮是如何转动的，你有什么感到好奇的吗？"
提出有价值的问题	引导儿童分享好问题产生的路径	① 积极评价。比如："你觉得这个问题有意思的地方在哪里？" ② 促进反思。比如："你是怎么想到这个有意思的问题的？"

观点聚焦

寻找一个信息丰富的话题，借助问题接龙的游戏形式，鼓励每一个儿童展开想象的翅膀，促使儿童的思维从封闭走向开放，也让儿童的好奇持续下去。

你的感想与实践

（四）产生问题链

教学故事

这里面还有事吗？ ①

五年级上学期"小数除法"上课伊始，教师带着学生进入一个真实的生活情境："甲、乙、丙、丁4位大学生，今年毕业了。4个人想一起聚一聚，畅谈今后的想法。他们来到了餐厅，一起吃了饭，并约定AA制。饭后结账时，甲拿出100元，服务员找回3元。"学生用数学的眼光提取了故事中的有用信息。

生：4个人AA制，用了100元找了3元。

师：此时，你最想知道什么？

生：每个人需要付多少钱？

学生借助以前的学习经验得到的结果是每人24元，还余1元。即：

（100−3）÷4=24 ⋯⋯ 1。

师：我是甲，你给我多少元？ 24元？ 25元？

---

① 此教学故事由北京教育科学研究院吴正宪老师提供。

生：大概在 24 元和 25 元之间。

师：问题出在哪儿？

生：余 1 元，怎么平均分给 4 个人？

从原来学过的有余数整数除法过渡到新问题"每个人需要付多少钱"的小数除法，学生感知到问题出现在余数上，思考怎么把余数 1 元平均分给 4 个人。学生想到了转化和画图的三种方法：

① 1 元 =100 分

100÷4=25（分）

② 1 元 =10 角

10÷4=2（元）……2（角）

2 角 =20 分

20÷4=5（分）

每个人 2 角 5 分

③ 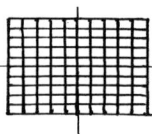 ÷4=25

在师生共同讨论了为什么把 1 元变成 100 分之后，问题似乎已经全部解决了。

师：你们每个人交多少钱知道了吗？ 24 元 2 角 5 分，或者 24 元 25 分。解决了吗？ 这里面还有事吗？

大家沉默，这时似乎提不出问题了。

师：都认为没有事了？ 那这样，以后凡是花钱的事，我们就画画画、分分分，可以吗？

生：不方便，麻烦。

师：这不就是事吗？ 学习之中总是得有新的事！ 那你们想怎么解决？

生：把分的过程怎么合在一个竖式里？ 有没有合理简洁的式子？

学生依据整数除法经验尝试列出小数除法竖式，教师不断启发"这里面还有事吗"。

师：看到这个竖式，你们有事吗？ 没事，你们都没事，他有事？

生1：老师，我怎么感觉是 2425 元呢？ （见下页左图）

生2：要点上小数点。（见下页右图）

师：现在你们感觉如何呢？开始时有的看的是 24.25，有的看的是 2425，是谁让你们不吵架了？

生 3：小数点。

生 4：我想知道小数点为什么要点在 4 和 2 之间，而不是其他位置呢？

在大家静静深思的过程中，教师不断启发"这里面的事"，学生渐渐体会到了小数点的作用，也深入理解了计数单位。

生：这小数点往那儿一站，元、角、分一目了然，我们就都明白了。

最后，教师让学生用讲故事、举例子的方式，解释"51÷2"和"9.7÷4"，并思考当去掉具体的情境之后，数字还能不能分。

师：51÷2，余了 1 还能分吗？

生：遇到余数就分。

师：你们还有事吗？

生 5：我有事，如果还有余数怎么办？

生 6：会不会永远也分不完呢？

吴老师说

当前，不少课堂都是老师提出问题牵着儿童学习。这样儿童虽然也在思考，但往往缺乏主动；同时一个一个地回答问题，儿童往往只看到了局部，出现思维"碎片化"，看不到整体的思考脉络。那能不能让问题引领着儿童学习呢？进一步说，能不能用儿童生长出来的问题链引领他们不断地思考下去呢？在上面教学故事的课堂中，教师用了一个对孩子更为亲切的"还有事吗"的说法，鼓励学生不断地"找事"，从而不断激发学生产生疑问、深入思考。当然，必要时，老师也可以主动"找事"，激发出儿童的真问题。这节课一共有五次这样的活动，我们一起来看一看。

① 由一个真实的生活问题，引发学生的真需求，学生自然产生"4个人AA制，用了100元找了3元，每个人需要付多少钱"的问题。

② 当学生们得出24元余1元，以为已经解决了问题时，教师模拟实际付钱的情境，引发学生提出关键问题："余1元，怎么平均分给4个人？"

③ 在得到每人付24元2角5分之后，教师第三次提问："这里面还有事吗？"学生们不习惯不断产生新问题。于是，教师主动"找事"："那这样，以后凡是花钱的事，我们就画画画、分分分，可以吗？"一石激起千层浪——"把分的过程怎么合在一个竖式里？有没有合理简洁的式子？"思考继续了下去。

④ 在学生们自己写出竖式后，教师第四次提问："你们有事吗？"学生对于商提出质疑："我怎么感觉是2425元呢？""我想知道小数点为什么要点在4和2之间，而不是其他位置呢？"

⑤ 最后就是"去情境"，引发学生利用小数的意义和除法的意义思考："51÷2，余了1还能分吗？"学生又有了新的事："如果还有余数怎么办？""会不会永远也分不完呢？"

整节课中，教师和学生不断地将问题链延伸，问题不断，思考不断——就像教学故事中教师说的那句话："学习之中总是得有新的事！"

👍 为你支招

1. 思考的不断延续产生问题链

问题链的形成离不开思考的不断深入。在发现问题、解决问题的过程中，你要激发儿童持续思考，从而产生新问题；新问题又促进新的思考，从而产生问题链。你要为学生营造思维上的宽松环境，适时引导"你还有事吗"——这其实就是"你还有什么新的问题"，启发儿童不断地"找事"。在学生静静深思的过程中，你要和学生一起思考，参与其中："还有问题吗？你们真的没有问题了吗？我可还有问题呢！""你们有事吗？没事，你们都没事，他有事？"这样可以适时带动全班学生的思维和情感参与其中。如果儿童没有提出问题，就需要作为教师的你站出来，提出"这里面的事"，激发儿童的思考。总之，师生要共同搭设一条经过努力可以攀登的、递进前进的问题阶梯。

下图呈现的就是上述教学故事中形成的问题链。其中，色块里是学生产生的问题；箭头上面是学生的活动；箭头下面是教师的支撑，包括追问。

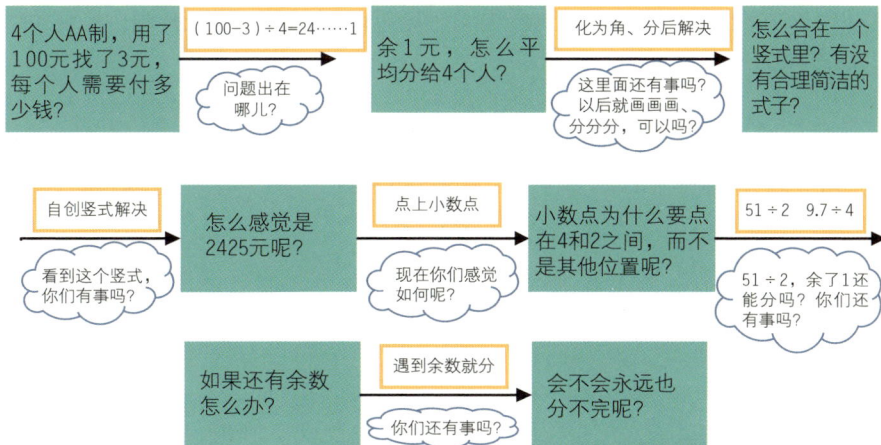

4个人AA制，用了100元找了3元，每个人需要付多少钱？ → 问题出在哪儿？ → （100-3）÷4=24……1 → 余1元，怎么平均分给4个人？ → 化为角、分后解决 / 这里面还有事吗？以后就画画、分分分，可以吗？ → 怎么合在一个竖式里？有没有合理简洁的式子？

自创竖式解决 / 看到这个竖式，你们有事吗？ → 怎么感觉是2425元呢？ → 点上小数点 / 现在你们感觉如何呢？ → 小数点为什么要点在4和2之间，而不是其他位置呢？ → 51÷2 9.7÷4 / 51÷2，余了1还能分吗？你们还有事吗？

如果还有余数怎么办？ → 遇到余数就分 / 你们还有事吗？ → 会不会永远也分不完呢？

2. 将不同儿童的问题串成链

针对教学故事的主题"小数除法",你还可以在上课之初,鼓励儿童进行头脑风暴,从不同角度提出想要研究的问题。下面是一次课中,学生们提出的问题。

1. 什么是小数除法?

2. 什么数与什么数相除可以构成小数除法?

3. 怎么计算小数除法?

4. 小数除法的竖式是什么?

5. 小数除法有什么用?

6. 小数除法与整数除法的区别是什么?

面对这些问题,你可以鼓励他们尝试将这些问题串成链。比如,你可以询问学生:"你想先研究哪一个问题?""你能将这些问题排个序吗?""要解决这个问题,得先解决什么问题?""这个问题解决了,那么什么问题就可以解决了?"学生可能会按照从简单到复杂、从具体到抽象的顺序;也可能会先回答是什么、怎么做,再回答它与其他内容的联系等(见下图)。其实,这一过程也是儿童澄清问题含义、学习他人问题的过程。同时,问题链的形成,也使得儿童了解了将要学习的目标和主要的学习线索,做到心中有数。

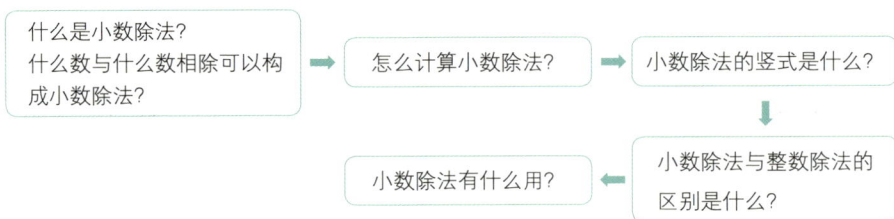

什么是小数除法?
什么数与什么数相除可以构成小数除法? ➡ 怎么计算小数除法? ➡ 小数除法的竖式是什么?
⬇
小数除法有什么用? ⬅ 小数除法与整数除法的区别是什么?

在解决问题的过程中,儿童又会有新的发现、新的问题和新的猜想,你也可以适时鼓励儿童将它们纳入问题链,对问题链进行补充和完善。

3. 揭示课堂学习中的问题链

有的时候，儿童学习的问题链并不明显，或者由于新的问题的补充，原有问题链被进行了改造，因此你就需要适时地揭示问题链，帮助儿童不断明晰学习路径。你可以用流程图、思维导图的形式展示课堂学习中的问题链，还可以将问题链画在黑板上或者贴在教室的适当位置上予以呈现。当学习即将结束时，你还可以鼓励儿童从头到尾回顾问题链，也就是回望研究路径。

观点聚焦

学习之中总是得有新的事！儿童的持续思考产生问题链，问题链引领儿童的学习不断进行下去。

你的感想与实践

_____

_____

_____

_____

_____

五 设立提问本和提问角

提问本的来历

在杨老师的课堂上，学生提问题的声音总是此起彼伏。"杨老师，您知道乘号是谁发明的吗？""加法和减法是好朋友，乘法和除法是好朋友吗？""有太阳的时候我会辨认方向，阴天时候怎么办？""除法竖式计算为什么要从高位开始，不从个位开始？"……一个一个的问题让人应接不暇。如果时间允许，杨老师特别想和学生一起研究这些问题，但是课堂时间真的有限，于是，杨老师常用的办法就是鼓励学生课下探索。

但渐渐地，杨老师发现大家提出问题和相互交流的热情减退了。正如与一位学生交谈时学生提到的："课下研究，说起来容易，其实很难做到。大家一下课就忘记这件事情了，有时候都忘记当时提出什么问题了！"这句话触动了杨老师的内心："怎样才能让学生课上提出的问题在课下真正引发思考，使学生研究的热情持续增长？"有了！把问题记录下来，记在一个固定的本子上，这样就能随时提取问题并与他人进行研究和交流，多好！于是，提问本就这样与学生们见面了。

神奇的提问角

有了提问本，儿童可以随时记录自己提出的问题，对感兴趣的问题还可以不断思考，与好朋友进行交流。但时间长了，问题又来了：提问本上简单的问题很快就得到解决了，但自己和好朋友也解决不了的问题又该怎么办呢？这件事又引发了大家的思考。办法总比困难多！"把问题贴出去，让哥哥姐姐们都知道，让所有的小伙伴都知道，看看谁能帮忙……"杨老师的这个建议，很快得到了响应。

于是，杨老师在走廊上就设置了这样的一个角落，专门用来展示儿童提出的、在班级内暂时无法解决的问题。这个角落被儿童称为"神奇的提问角"，当然，也可以给它起个非常个性化的名字，比如"问题银行"（见下图）。它常常吸引着不同年龄的儿童驻足，小脑袋扎在一起苦思冥想、讨论、研究。

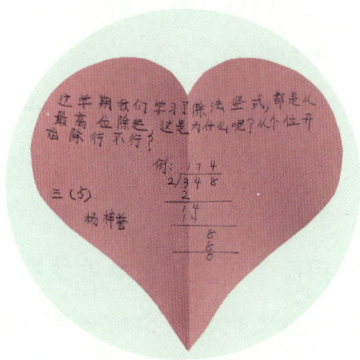

他们的互动方式也非常有趣，如果对某个问题有了想法，他们就会用小卡片回信的方式与问题提出者进行交流（见下页图）。

为什么从高位算起？
因为有时从个位算起
除不开

例：4)9 2
从个位算起 2除不开 4
如果从高位算起 就除得开了。

4)9 2 3
 8
 1 2
 1 2
 0

解答人：汪耀宁

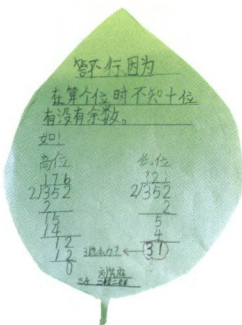

还有因为
在算个位时不知十位
有没有余数。
如：
高位   长位
2)3 5 2   2)3 5 2

吴老师说

    提问本和提问角的设立，让我们看到了源自儿童内心的真问题有了记录、展示、探索、交流的空间。我们也看到，把问题记录在本子上，然后个人提问本上的问题被送到公共空间的提问角的"问题搬家"的过程，是对儿童发现问题、提出问题、解决问题能力的促进，更是对他们学习热情的保护和激励。

    先来说说提问本。一个看似普通的提问本，对于儿童而言，却能起到将儿童在学习前、学习中、学习后联想到的问题，真实记录下来并继续引发思考的作用；能够真正体现儿童因问而学、问学交融的学习方式，是个非常有效的策略。面对儿童发现、提出的一个个鲜活的问题，如果仅仅是引导儿童说一说、简单地交流一下，甚至让他们课下研究，他们可能很快就忘记这件事了。杨老师鼓励儿童以自己喜欢的方式把问题记录在提问本上，和小伙伴开展交流活动，这样很多问题就会在这个过程中得到解决；即使没有彻底解决，也会促使儿童持续思考。这是保持儿童好奇心和求知欲的有效策略。

    教学故事中的提问角，则是提问本的延伸。它让一个人的问题变成了大家的问题，既拉长了儿童思考、研究的时间，又努力实现让每一个问题都能得到回应，还让孩子们组成了更大的学习共同体。同时，这一过程也可以引领儿童对自己提出的问题进行反思、感悟，学习他人提出的有价值的问题。看似简单的提问本和提问角，彰显了老师对儿童问题的尊重，体现了老师的教学智慧。

👍 **为你支招**

1. 人手一个提问本，及时记录真问题

当儿童的问题多了起来又不能马上解决的时候，你可以为他们准备一个提问本。本子的设立给了儿童更多发现、提出问题的场域，儿童可以在某一内容学习前、学习中和学习后随时记录自己的困惑。下面就是在学习"年、月、日"时，教师引导学生不断记录下自己的问题的具体过程（见下图）。

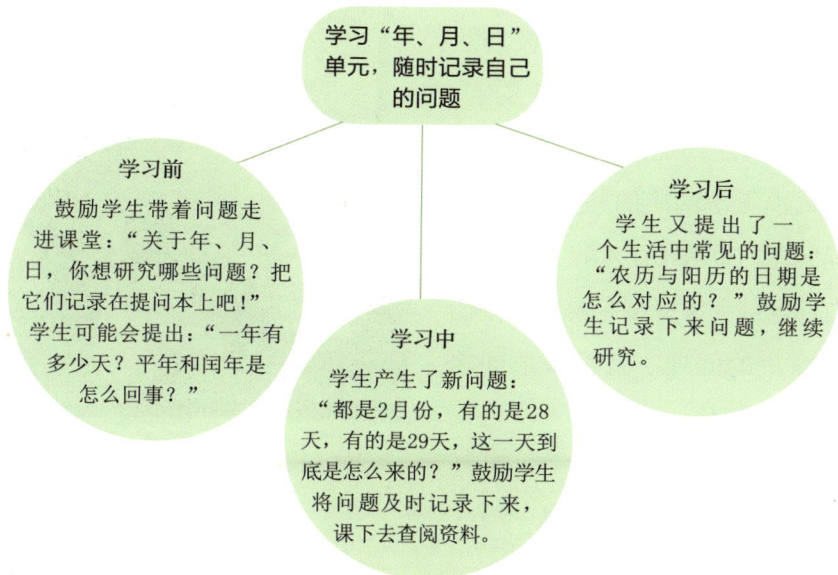

学习"年、月、日"单元，随时记录自己的问题

学习前
鼓励学生带着问题走进课堂："关于年、月、日，你想研究哪些问题？把它们记录在提问本上吧！"学生可能会提出："一年有多少天？平年和闰年是怎么回事？"

学习中
学生产生了新问题："都是2月份，有的是28天，有的是29天，这一天到底是怎么来的？"鼓励学生将问题及时记录下来，课下去查阅资料。

学习后
学生又提出了一个生活中常见的问题："农历与阳历的日期是怎么对应的？"鼓励学生记录下来问题，继续研究。

儿童记录问题的形式可以是多样的，建议你鼓励儿童用自己喜欢的方式写一写、画一画。记录下问题后，儿童也可以对问题进行标注，比如哪些问题已经解决了，哪些问题准备自己独立探索，哪些问题需要求助。至于提问本，你只需为他们提供一个普通的本子，固定下来即可。当然，你也可以像北京市海淀区中关村第三小学（简称"中关村三小"）《数酷》那样，专门开辟一个栏目，让儿童提出的问题有个家①。

2. 让问题"搬家"，把不得其解的问题放入提问角

提问本中的有些问题，通过同伴的交流或在后续的学习中自然就得到了解决；有些问题，却迟迟无法突破。你可以在班里设立一个提问角，鼓励儿童将疑难问题放到提问角中，让问题"搬家"。设立提问角最简单易行的办法就是在教室里贴一张大彩纸，鼓励儿童把自己的问题书写在上面，或者通过粘贴小卡片的方式呈现在上面，让问题一目了然（见右下图）。学校还可以进一步组织更大范围的交流，鼓励将班级内无法解决的问题继续"搬"到年级或全校的公共空间的提问角中，进行跨班级、跨年级的混龄儿童之间的学习和交流。

至于什么样的问题可以被"搬"入提问角，你可以和学生有个约定。比如，有师生约定先小组交流，小组一周内无法解决的问题就"搬"进提问角。也有师生约定，如果有人有愿意与大家分享、渴望同伴们帮助解决的问题，就可以把问题"搬"进提问角。

---

① 《数酷》是中关村三小设计的校本数学活动册，其中专门开辟了一个栏目：互动评价。在这个栏目中，师生共同对学生的参与进行评价，重点关注学生是否进行了质疑，是否提出了进一步想要研究的问题。

3. 运用多种方式，鼓励儿童进行探索

提问本和提问角的设立，不仅可以为儿童提供记录和分享彼此问题的空间，更可以延长儿童思考的时间，激发儿童的进一步思考。因此，你可以利用下面的策略，鼓励儿童通过多种方式探索解决问题的办法。

第一，独立探索。鼓励感兴趣的儿童通过独立思考解决问题，比如可以布置成学生自愿探索的"可爱作业"（详见本部分建议 ⊗《布置"可爱作业"》）。有了结论后，可以在提问角用小卡片留言的形式进行回复——在小卡片上要尽量条理清晰地写出解决问题的全过程，也可以直接找到提问者进行交流。

第二，自愿成立研究小组。比如，对五年级同学提出的问题"到底有没有 100 个连续的合数"，儿童自愿组成研究小组进行探索，并及时在班级内分享研究成果（见下图）。

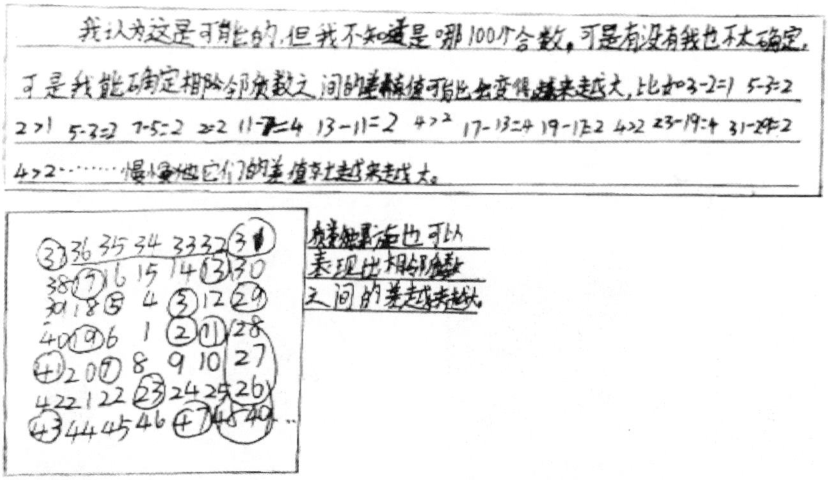

第三，寻求外援支持。这主要是针对提问角中迟迟无人问津的疑难问题。比如，"方向与位置"这个单元的学习结束后，儿童提出的问题就非常多："在沙漠里、森林里怎样辨认东南西北？""有太阳的时候很容易知道东西南北，阴天的时候怎么办？"……这些非数学学科所能解决的问题，你也可以鼓励酷爱科学、喜欢钻研的儿童进行专题认领，然后

鼓励儿童自己聘请导师作为他们的外援——导师是谁？可以是研究小组成员的家长，也可以是科学老师，等等。儿童可以和导师一起查找资料，最后得出研究结果。

第四，全班开展实践活动。对于大家都感兴趣的问题，你还可以将其开发为全班的实践活动。比如，北京市密云区太师屯镇中心小学的张永老师是这样做的。二年级的小朋友学习了"厘米和米的认识"后，提问角中出现了这样一个问题："学校的旗杆那么高，有多少米呀？"细心的张老师就把这个问题当成了资源，利用综合实践活动课，引导学生想办法测量旗杆的高度。面对高高的旗杆，儿童的好奇心被点燃，思维也被打开了：爬上去量一量，把旗杆放倒量一量，利用航模小组的无人飞机测量……面对这些方法，张老师又引导学生展开了热烈的讨论。最后大家确定了两种可行的方法：一是参照教学楼的高度估一估；再就是升国旗的时候，系上一根细绳，然后量绳子的长度（见下图）。一场别开生面的测量活动的开展，就始于儿童一个小小的问题。

4. 别样的认可，让儿童提出问题、解决问题的热情延续

（1）教师点评与儿童互评、自评结合。

对于儿童提出的问题，你可以在每个单元学习后对他们的问题进行点

评，并组织他们进行互评和自评。教师点评的形式很灵活：可以与学生聊一聊他们是怎么想到这个问题的；也可以给他们画智慧星、点赞，进行鼓励（见下图）。

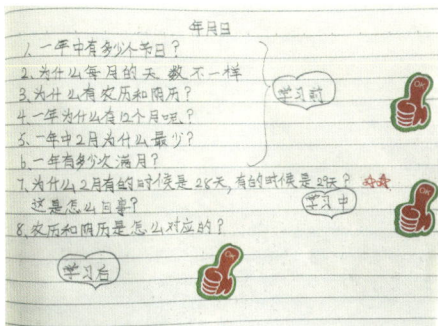

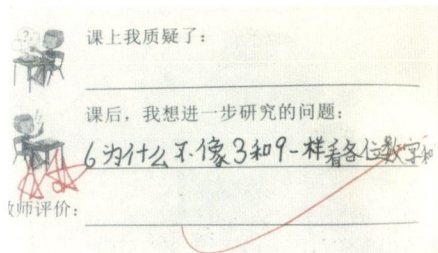

（注：上图中的问题是根据能被 3 整除的数的特征而提出的）

开展同伴互评时，你可以让学生将某个单元的问题摆在桌子上，请同伴欣赏，并为自己最喜欢的问题点赞。之后你还可以给学生提供一个如下所示的记录单，让他们进行自评。

这个单元我一共提了（　　）个问题。
我最满意的问题有（　　）个。
同伴喜欢的问题有（　　）个。
有（　　）个问题被选送到了提问角。

像这样，在交流、欣赏、评价的过程中，儿童提出问题的兴趣会更加浓厚，他们亦能感悟到什么样的问题才是有价值的问题。这样，提问本和提问角也会成为他们喜欢光顾的地方。

（2）让儿童分享问题解决过程与结果。

其实对儿童提问最好的肯定方式就是让儿童分享他们的研究过程和结果。你可以使用如下几种分享形式：把研究成果贴在走廊里，分享给过往的同学、老师、客人，开展流动演讲（见下页左图）；或专门利用数学课堂上的"精彩三分钟"①，进行具体问题的汇报；还可以就提问角中较长时间没有得到解决的问题或多个相关问题举行专题讲座——这可以在本班范围内进行，也可以扩展到全年级或其他年级（见下面右图）。

（3）赋予评价一些浪漫与温情。

如果在评价方式上赋予数学一些温情和浪漫，儿童提出问题、发现问题的热情和兴趣将会被更好地激发并得以保鲜。因此，你可以根据儿童的年龄特点，与他们共同商量出一些浪漫而有趣的约定。例如，提出一个供大家讨论、研究的问题，可以得到自己最喜欢的老师的拥抱；提出的一个问题被放入提问角，可以选择和数学老师合影一次（见下页图①）；与同伴合作认领了一个问题，并进行了专题分享，可以申请管理一天班级的某个器材，如篮球、帐篷等（见下页图②）；如果应邀去其他班级或年级做一次专题讲座，可以与校长合影一次（见下页图③）。

---

① 许多学校会在数学课上课开始时利用三分钟的时间，鼓励学生分享、交流有关数学的话题，比如数学故事、数学趣题、数学应用等；也可以利用这个时间交流学生发现和提出的问题，以及他们自己对于这些问题的思考和研究。

①

②

③

观点聚焦

　　提问本和提问角不仅留下了儿童的问题，延长了他们深入思考的时间，拓展了他们分享交流的空间，更记录了你和他们共同度过的精彩！

你的感想与实践

（六）布置"可爱作业"

老师，课下我们还想研究 ①

有关圆的这个单元学完了，孙老师问："我们知道圆是世界上最美的图案之一，关于圆你还有什么想要研究的问题吗？"思索并小声交流了一会儿后，学生们纷纷举起了手。孙老师没有想到，单元结束了孩子们还有这么多感到好奇的事情，看来这段时间鼓励他们发现和提出问题的做法真的见效了，学生们思维的火花被点燃了。

于是，孙老师和学生们开始梳理问题，最后聚焦于两个最想研究的问题：（1）还有没有其他推导圆面积公式的方法？（2）用圆到底能设计出什么样的图案？此时，临近下课了，看着孩子们兴奋的眼神，孙老师宣布道："既然大家这么感兴趣，那这周末我们不留其他作业了，就把你们对问题的思考做成'可爱作业'！"这时全班响起了热烈的掌声，学生们欢呼起来。

当周一翻看孩子们的作业时，孙老师被他们的"最强大脑"震撼了。没想到，学生还能想到这么多推导圆面积公式的方法。

---

① 此教学故事由中国人民大学附属小学周艳明老师提供。

首先，六（8）班的李欣宸同学猜想，在一个方中圆里，假设圆的半径为 r，则正方形的边长为 $2r$。那么，阴影部分的面积应该和一个小正方形的面积大小差不多；小正方形的面积是 r^2，大正方形的面积是 $4r^2$，二者的差即为圆的面积，约为 $3r^2$（见下图）。

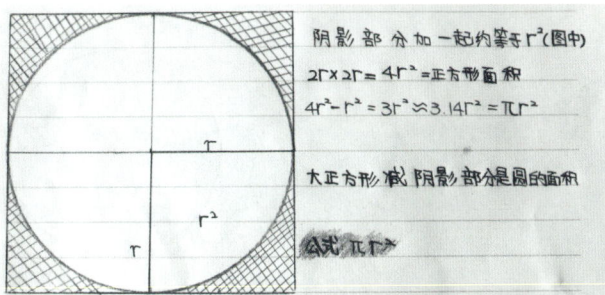

六（8）班的沈言祯同学还自学了初中的内容，对圆的面积进行了推导（见下图）。

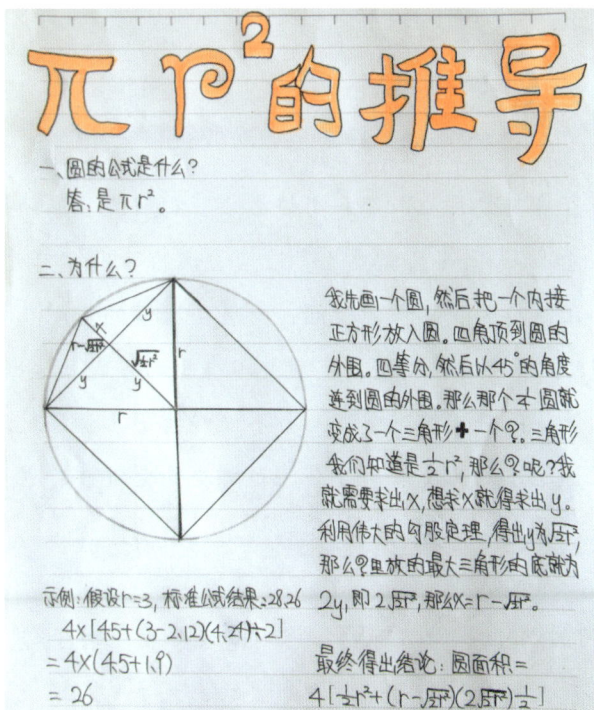

令孙老师惊喜的是六（7）班程新然同学的作品：一只大鹦鹉在作业本上活灵活现，仿佛要飞出来一样，而且这幅图的大部分都是用圆规画出来的（见下图）。看到这幅图，孙老师瞬间惊呆了！这样一份完美的作业是六年级学生完成的吗？儿童的潜力是无穷的，是"可爱作业"给了儿童一个施展才华的舞台。

吴老师说

布置"可爱作业"是一个好办法，它解决了有的问题无法在课堂上解决，而又需要儿童继续尝试的困难。"可爱作业"还帮助儿童延长了思考的时间，拓展了思考的空间。当儿童有了想法，又将自己的想法实现并以喜欢的方式表达出来时，这多么值得高兴！"可爱作业"不仅能留下儿童经过深思后的成果，还鼓励儿童经历整个问题解决的全过程，也可以促使儿童体验到发现和提出问题的快乐，他们对提出的问题也会有进一步的理解。

"可爱作业"的"可爱"一词，又体现了对于作业的思考。现在大部分作业都是教师布置的，大多是为了巩固所学的知识和方法。能不能让儿童做一些自己感兴趣的事情，包括解决自己提出的问题？能不能让作业不仅仅是巩固、重复，更要能发挥出儿童的智慧、创意和个性？这就是"可爱作业"可爱的一面。

正如教学故事中所提到的，每一份作业的背后，都蕴含着火热的思考。完成这样的作业，儿童是不会敷衍了事的，因为这才是他们的真问题。当儿童调动所有的知识和经验解决问题时，他们进行了深度的学习。大鹦鹉呼之欲出的呈现，令人惊叹。但更为惊叹的是大鹦鹉身上的每一道弧线背后，都蕴含着儿童的智慧和韧劲。

👍 **为你支招**

1. 将儿童的问题作为"可爱作业"的重要内容

儿童在课堂上产生的问题不能当堂解决时，你就可以将他们的问题作为"可爱作业"的重要内容。当然，提问本、提问角中留下的问题，以及儿童在课堂上涌动的思考，都可以转化为"可爱作业"。从这个角度讲，"可爱作业"就是儿童问题的延续。

"可爱作业"既可以根据儿童的问题设计成体验类的活动，比如"身体上还有没有其他的尺子？"；也可以设计成探索规律类的活动，比如"学习了数形规律后，有什么新猜想？"；还可以设计为探索活动，比如"推导圆面积公式有什么其他办法？"；还可以根据儿童提出的实际问题设计综合应用活动，比如，中国人民大学附属小学的沙海老师鼓励学生完成这个活动："我的新家刚刚完成了装修，装修后还残留了一些有害气体，如何购买'天然净化器'让新家空气清新起来？"下面是五（13）班的吕思翰同学的实践过程。

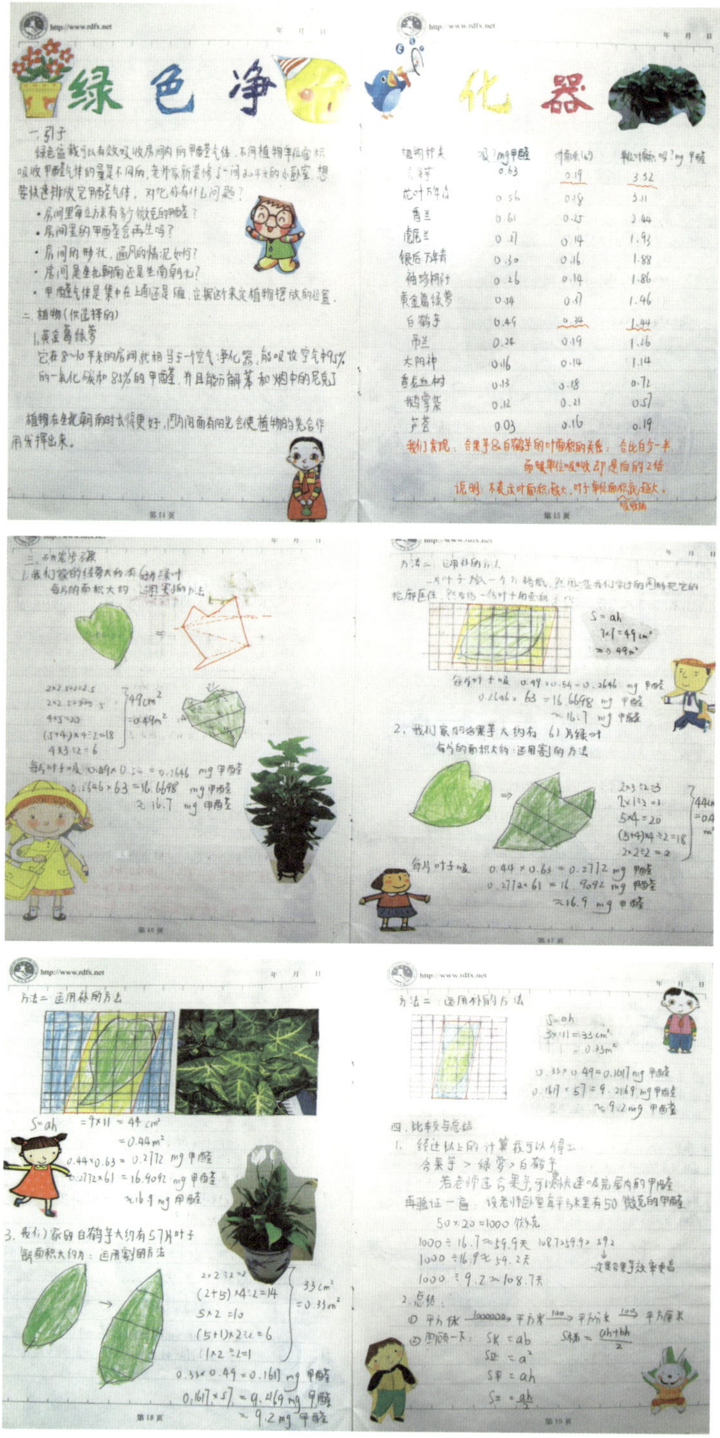
绿色净化器
一、引子
绿色盆栽可以有效吸收房间内的甲醛气体，不同植物单位面积吸收甲醛气体的量是不同的，老师家新装修了一间20平米的小卧室，想要快速排放完甲醛气体，对此你有什么问题？
•房间里每立方米有多少微克的甲醛？
•房间里的甲醛会再生吗？
•房间的形状，通风的情况如何？
•房间是坐北朝南还是坐南朝北？
•甲醛气体是集中在上面还是下面，依据这个来定植物摆放的位置。
二、植物（供选择的）
1.黄金葛绿萝
它在8~10平米的房间就相当于一个空气净化器，能吸收空气中95%的一氧化碳和85%的甲醛，并且能分解苯和烟中的尼古丁
植物在坐北朝南时长得更好，因为阳面有阳光会使植物的光合作用发挥出来。
植物种类 | 吸?mg甲醛 | 叶面积(m²) | 单位叶面积吸?mg甲醛
合果芋 | 0.63 | 0.19 | 3.32
花叶万年青 | 0.56 | 0.18 | 3.11
香兰 | 0.61 | 0.25 | 2.44
虎尾兰 | 0.27 | 0.14 | 1.93
银后万年青 | 0.30 | 0.16 | 1.88
袖珍椰子 | 0.26 | 0.14 | 1.86
黄金葛绿萝 | 0.54 | 0.37 | 1.46
白鹤芋 | 0.49 | 0.34 | 1.44
吊兰 | 0.24 | 0.19 | 1.26
太阳神 | 0.16 | 0.14 | 1.14
香龙血树 | 0.13 | 0.18 | 0.72
鹅掌柴 | 0.12 | 0.21 | 0.57
芦荟 | 0.03 | 0.16 | 0.19

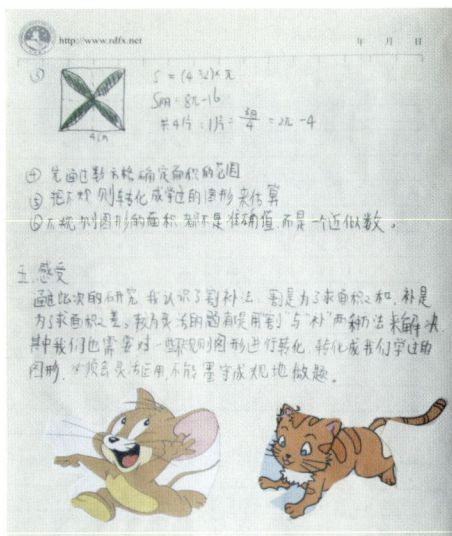

2. 多种形式让作业可爱起来

既然是"可爱作业"，你就要让它的形式也可爱起来。首先，作业本的设计要简洁、大方，不要拘泥于形式。有时白纸的效果比单线本的效果好得多，因为这样儿童可以将自己所有的想法都尽情表达出来。

其次，儿童的表达方式可以多样，不必要求统一。对同一个问题，每个儿童的表达方式可能是不一样的。只要儿童能表达清楚自己的想法，有时候涂一涂、画一画的效果可能比写出来要直观许多。

最后，你的评语也要多样。以往教师在作业本上用"优"、"良"来表达想法的做法在这里不太适用。你可以在看完整个作业后，把最触动内心深处的点指出来，在作业本上与儿童进行真情交流。

3. 多分享，少评判

在儿童完成"可爱作业"后，你可以在全班进行展示交流，并请他们谈一谈是如何完成的，特别是在整个研究过程中经历了哪些困难以及是如何克服的。这样可以帮助儿童在展示交流的过程中建立自信。你还可以将优秀的作业贴在墙上，让大家通过点赞的方式互评。这样在互相学习的过程中，全班学生都能够得到进步。你还可以鼓励儿童和家长进行交流，家长的帮助既能提高儿童的作业的质量，还能增进亲子之间的感情。

以往的作业，更多的是以成人固有的思维模式去评判儿童的对与错，往往是一种终结性评价。而"可爱作业"的评价是一种分享，当然你在这其中也是分享者。在"可爱作业"中，你要给出的更多的是鼓励、是建议。比如："我很喜欢你的'可爱作业'。""每一次都像是在与小数学家对话，我看到了你对数学学习的无限热爱。"再比如："这次作业还没有充分发挥你的水平，其实你可以做得更好！"……希望儿童每一次拿回"可爱作业"本时，都是一种充满期待的心情，很想知道老师这一次与他分享的是什么，而这样的分享多了份温度，也多了份感动。

还在等什么？让儿童的问题也走进你给学生留的作业中吧！

观点聚焦

将儿童的问题纳入作业，鼓励儿童运用自己的智慧解决这些问题，让作业可爱起来！

你的感想与实践

第三部分

问题引领儿童学习

　　太多的教学实践证明，当儿童有机会对自己发现和提出的问题进行真正的讨论时，儿童几乎都有用不完的精力和深入探索陌生领域的精神与勇气。问题使儿童真正产生了持续思考的动力。但是在实践中，你又往往容易产生这样的困惑：如果儿童提出的问题不是教学预设的问题，或者不是教材中要研究的问题，完不成教学目标怎么办？

　　很显然，无论如何，你都需要积极回应儿童的问题，这是让儿童在问题中学数学的重要保障。引导儿童对问题进行学科内、学科间的梳理与综合，可以帮助儿童形成清晰的学习脉络；关注儿童对问题的探寻过程，有利于儿童对问题的意义产生更深刻的理解；引导儿童对问题引领学习的过程进行必要的反思，是促使这种学习方式将来自主发生的关键。

本部分的具体建议如下。

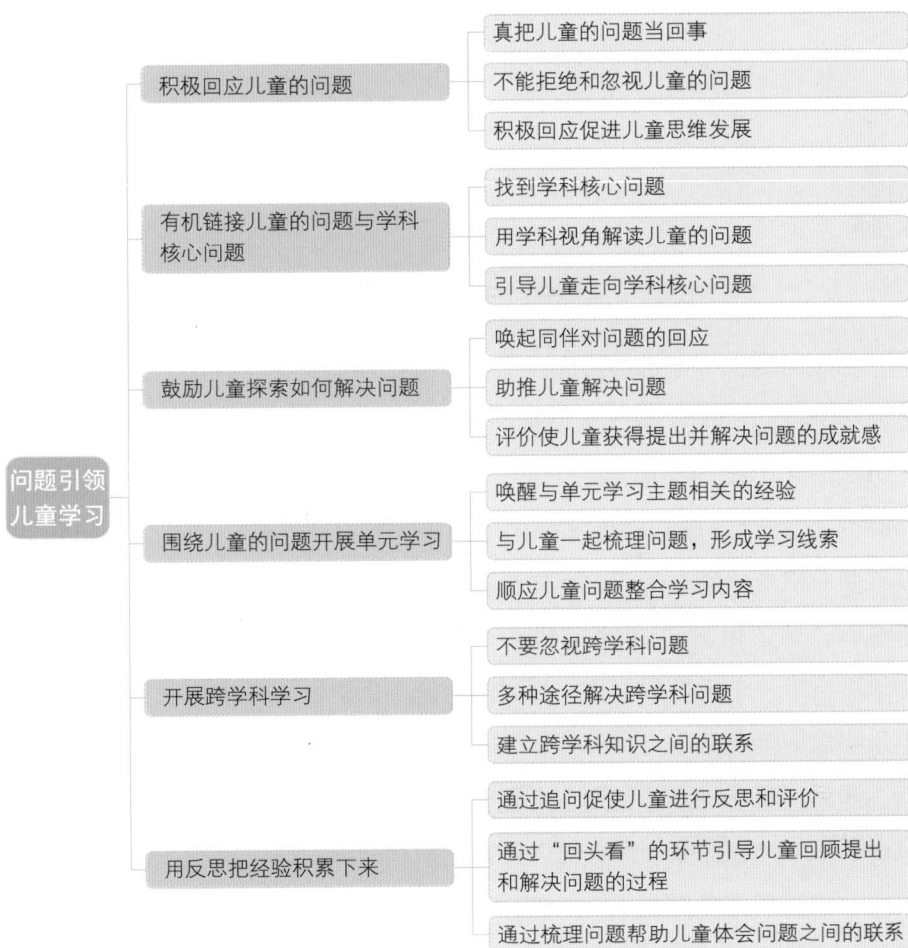

- 问题引领儿童学习
  - 积极回应儿童的问题
    - 真把儿童的问题当回事
    - 不能拒绝和忽视儿童的问题
    - 积极回应促进儿童思维发展
  - 有机链接儿童的问题与学科核心问题
    - 找到学科核心问题
    - 用学科视角解读儿童的问题
    - 引导儿童走向学科核心问题
  - 鼓励儿童探索如何解决问题
    - 唤起同伴对问题的回应
    - 助推儿童解决问题
    - 评价使儿童获得提出并解决问题的成就感
  - 围绕儿童的问题开展单元学习
    - 唤醒与单元学习主题相关的经验
    - 与儿童一起梳理问题，形成学习线索
    - 顺应儿童问题整合学习内容
  - 开展跨学科学习
    - 不要忽视跨学科问题
    - 多种途径解决跨学科问题
    - 建立跨学科知识之间的联系
  - 用反思把经验积累下来
    - 通过追问促使儿童进行反思和评价
    - 通过"回头看"的环节引导儿童回顾提出和解决问题的过程
    - 通过梳理问题帮助儿童体会问题之间的联系

（一）积极回应儿童的问题

老师，我有点遗憾

在学习莫比乌斯带的研究课上，对莫比乌斯带有了初步的认识后，刘老师问学生们："对于莫比乌斯带，你们还有什么问题？"

此时，小乐同学提出了这样一个问题："我想知道莫比乌斯带是不是循环的。"这个问题与刘老师心里预期的问题是不同的，所以她下意识地没有像对待其他学生的问题那样在黑板上记录。此时别的学生开始说："肯定是啊，这还用说。"刘老师也顺势接了一句："确实是啊。"接着，她又开始进行下一个问题的讨论。后面的讨论仍然热烈，课堂依旧在继续，但小乐好像变得沉默了。

课后，观课的老师们和刘老师一起开展了教研活动。张老师提出，她发现小乐今天在课堂上似乎总有些打不起精神，所以下课后，她找到小乐询问，小乐有些失落地说："我有点遗憾，我提出的问题没有得到老师的回应。不过，虽然老师今天没有回应我，我也一定要把这个问题研究下去，甚至要写出来发表。"老师们都被小乐的回答触动了，触动之余也产生了许多想法，展开了热烈的讨论：在课堂上，遇到儿童提出的问题该怎么进行回应？应该怎样避免再次发生像小乐这样的事情？大家头脑风暴产生的智慧被记录下来（见下图）。

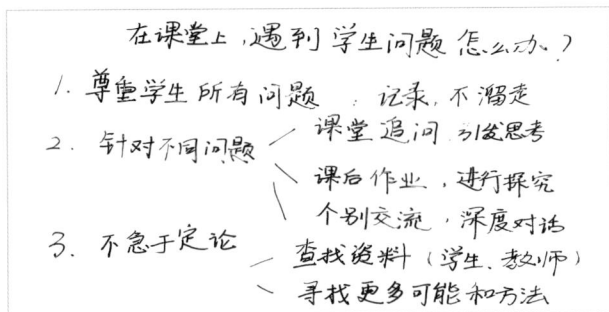

大家的讨论具体如下。

高老师：我们显然无法在 40 分钟内一一回应学生所有的问题，但至少我们可以尊重每一个孩子的问题，如可以将孩子的问题记录下来，不让问题溜走。

王老师：记录下来后，可以根据实际情况进行处理。例如，可以进行课堂上的集体交流或课堂后的个别讨论，或许这个问题并不像我们想象的那样简单。

张老师：还可以帮助学生针对问题查找资料，进行深入的研究，挖掘儿童深度的想法，引发他们思考。

……

刘老师为自己在课堂上忽略了小乐的问题而反思。她说："停下来想想，小乐也许开始思考从特殊到一般的问题了，如是不是所有的莫比乌斯带都是循环的，也或许她对循环有其他的定义。"后来，刘老师特意与小乐进行了第二次的交流，她发现原来小乐想得真的不简单——小乐想设计不同的实验来证明莫比乌斯带的循环，还想知道这样的循环能给现实世界带来什么影响……刘老师鼓励小乐继续研究下去。

吴老师说

我们鼓励儿童提问，必然要面对如何回应儿童问题的事情，这不仅要求教师具有教学智慧，更要求教师真正具有儿童视角。上面教学故事中的刘老师及其集体，就是一群有儿童视角的优秀教师。我们都知道，儿童是天生的"问题家"，但是随着年龄的增长，他们能否保持不断提问的天性，能否提出深入的好问题，很大程度上依赖于教师对学生的问题会做出什么样的回应。

然而在平时的观课活动中，我们会发现，有时教师急于完成自己的教学任务，忽视甚至拒绝儿童的问题。就像刘老师在课堂中面对小乐同学的问题一样，她虽然没有直接拒绝，但也没有像对其他问题那样记录，只是顺口接了一句，其实这就是忽视儿童问题的表现。此时，教师就容易错失儿童当时的思维亮点，也错过了将课堂真正引入儿童内心的机会。作为教师，我们需要警惕自己对于"正确答案"或"正确问题"的偏好。

老师们可能有一些困惑，比如怎么积极回应儿童的问题呢？课堂就40分钟，来不及回应呀……其实，在上面的教学故事中，老师们的头脑风暴就已经给出了一些有效的做法。比如，及时记录学生的问题，对学生的问题在课堂上进行追问，或者课后与学生进行单独交流。进一步，我们还可以鼓励儿童真正去探索这些问题，查查资料，动手实践，和同伴、教师、家长交流……儿童在围绕自己的困惑进行探索的过程中，往往容易进入深度学习的状态，加深对所学内容的理解，更为重要的是，这样能激发他们的兴趣和创意。

这再次提示我们，要认真对待儿童的所有问题，积极给予回应，把问题变成学习和思考的宝贵机会，使儿童获得持续地提出问题并能尝试努力解决问题的经验和良好的情感体验。

为你支招

1. 真把儿童的问题当回事

每个儿童都有爱问"十万个为什么"的阶段，希望用自己的感官和心灵去探索这个世界的奥秘。由于成人们对这个世界早已习以为常，所以容易忽略儿童的问题，甚至对此显得不耐烦，认为这些问题没有意义。你需要时刻对这样的行为保持警惕，特别是在疲劳时、面对压力时或者面对全班的"问题"儿童时。

那么在课堂上，当儿童提出许多问题的时候，你可以怎么去做，才能让他们觉得每一个问题都得到了重视呢？下面为你提供几种可参考的做法：

及时记录儿童的问题，如在黑板上预留一块地方或在教室中设置提问角。（详见本书第二部分建议㈤《设立提问本和提问角》）

课堂上保持鼓励的眼神和语言，及时回应："你是怎么想到这个问题的？你的这个问题很有趣。"

让更多的学生关注这个问题，询问："谁听明白了？谁和他有一样的想法？"

布置成课后"可爱作业"或者可以选择的个性化作业。（详见本书第二部分建议㈥《布置"可爱作业"》）

通过不同的平台给儿童提供发布问题研究情况的机会，如课堂上的"精彩三分钟"、以班级为单位的问题发布会、学校微信公众号……

所以，无论何时何地，面对每一个儿童的问题，尽管你不一定知道答案，尽管你不一定能马上组织大家着手解决，但你需要对此保持最大的尊重与耐心，真把儿童的问题当回事。

2. 不能拒绝和忽视儿童的问题

你在日常课堂上如何回应学生，决定了这个班级的氛围如何。我们期待这样一种氛围：每个儿童都可以自在地提问和讨论，敢于在同伴面前犯错误，探索自己未知的事物，提出不同的意见，说出自己的理由，因为他们知道所有一切都会得到大家的尊重。

要形成这样的班级氛围，最重要的是：你不能拒绝和忽视儿童的问题，即使有时他们的问题是错误的或者令人不知所云的。因为儿童会观察你是如何对待他们的同学的，如果同学被拒绝或被忽视，他们就会尽量少提出自己的真实想法或问题，以避免陷入相同的状况。同时，你也最容易成为儿童的模仿对象——如果经常拒绝和忽视儿童的提问，或者只是对于所谓正确的问题进行回应，儿童就会边揣测你的心思边发问。另外，如果课堂中出现对某学生提出的问题，其他同学的回应方式显得不够尊重甚至进行嘲笑的情况，你要及时引导沟通，避免类似的现象再发生。

有时候，让儿童说出真实的想法比说看似正确的话更重要，因为只有真实的想法才能产生真实的问题。为此，你可以制定一些课堂规则，如：

每个人都积极地问问题。

每个人都认真地倾听，不要嘲笑别人的问题。

他人分享时，每个人都思考：他的问题是什么意思？我还想知道什么？我有什么建议？……

3. 积极回应促进儿童思维发展

Sternberg(斯腾伯格)在《思维教学　培养聪明的学习者》一书中指出："父母和教师针对儿童的问题，可以做出各种不同的反应。"[1] 以下是对待

---

① Sternberg, Spear-Swerling. 思维教学: 培养聪明的学习者 [M]. 赵海燕，译 . 北京: 中国轻工业出版社，2001: 72.

儿童提问的七个回应水平。

- 回绝问题；
- 仅仅重复问题；
- 承认自己无知或简单呈现信息；
- 鼓励发问者寻找资料；
- 提供可能的解答；
- 鼓励儿童对可能的答案进行评估；
- 鼓励儿童评估答案，最后一一验证[①]。

斯腾伯格认为，回应的水平越高，表示中介的程度越强，儿童也就越有可能发展其高级思维技巧。[②]因此，你不要回绝问题或总是仅仅重复问题，而应该去尝试高水平、积极地回应儿童的问题。

你也许会觉得高水平地回应问题太难了，但其实很多时候，你已经做到了。比如，一位老师在"栽蒜苗"的活动中，让儿童思考到底什么因素影响了蒜苗的生长速度，儿童猜测有日照时间、温度、栽种的形式等。然后，教师鼓励他们设计实验，如在其他因素相同的情况下，分别用水栽和土栽，再去看看结果。其实这就是在鼓励儿童评估答案，并进行验证——是回应儿童问题的最高水平。

很显然，你不可能对每一个问题都进行高水平的回应。但重要的是，你需要留心，不论什么时候，都应该积极回应儿童的问题。

---

① Sternberg, Spear-Swerling. 思维教学: 培养聪明的学习者 [M]. 赵海燕, 译. 北京: 中国轻工业出版社, 2001: 73-75.
② Sternberg, Spear-Swerling. 思维教学: 培养聪明的学习者 [M]. 赵海燕, 译. 北京: 中国轻工业出版社, 2001: 72.

观点聚焦

儿童发现、提出问题的意愿和能力，我们既可以培养，也可能扼杀，这取决于你如何回应他们的问题。

你的感想与实践

（二）有机链接儿童的问题与学科核心问题

教学
故事 ···

有什么办法可以表示"有凹槽"的立体图形？ ①

"我发现了！只知道三个方向看到的形状，是不能确定它的样子的。"小武同学激动地喊了起来。教室里一下子安静了下来，同学们把头转向小武，看着他一脸兴奋的表情……

这是四（5）班学生们上数学课时的一幕。他们正在学习"观察物体"这一单元。单元学习开始前，大家提出了许多问题。有关于从不同方向观察物体的，有关于所使用的小立方体的数量的，有关于如何确定立体图形的，等等。经过讨论，大家决定先来研究"如何记录一个立体图形从不同方向看到的形状"。随着研究的进行，大家还得到了结论：从三个角度（上下、左右、前后）进行观察，就能够完整地记录下立体图形的样子了。

之后，小凌同学在提问角留下了一个问题："（一个几何体）有没有可能从上、前、左看都一样？"很快这个问题就有了回复：单独的一个小立方体就能满足要求！这个答案确实没错啊！可这显然不是小凌想要的答

---

① 此教学故事由北京大学附属小学刘健老师提供。

案。通过同学间相互交流，她更严谨地表达了自己的问题：

一个由多个小立方体搭成的几何体，有没有可能从上、前、左看都一样？如果有可能，至少得用多少个小立方体？

对于这个修改问题的故事，刘老师在课上与大家进行了分享。这个新的问题引起了大家的兴趣。首先是小武想到了长、宽、高都是 2 的立方体——它从上下、前后、左右看到的形状都一样，但这也不是小凌想要的答案。"老师，至少得用 6 块，得有凹槽。"小静同学走到讲台上摆了起来。同学们吃惊地看着她，钦佩地赞叹着。这时，大家看到的不再是一个普通的立方体了，而是一个"有凹槽"的图形（见右图）。

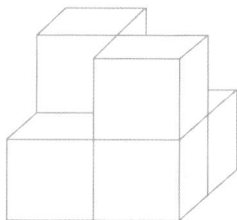

就在这时，出现了故事开头小武喊出其发现的一幕。小武的这一发现，引起了大家的关注。

生 1：是啊，从三个方向看到的样子都和立方体是一样的。

生 2：出现矛盾了吧，一组图不可能有两种立体图形。

生 3：有什么办法可以表示有凹槽的立体图形吗？

又一个新的问题！大家跃跃欲试！

刘老师这时却有点担心了。这个问题是不是离书本太远了？学生们能讨论出结果吗？会不会花很长时间？

课后，刘老师和同事们就此进行了讨论。杨老师的一句话提醒了她："这个单元的教学目标最重要的就是发展学生的空间观念，而这个问题会促进学生思考二、三维图形的转化问题，有利于空间观念的发展。"是啊，学生的问题不就是学科中的核心问题吗？

于是，下一节课上，刘老师鼓励学生就"有什么办法可以表示有凹槽的立体图形"这一问题进行了深入探讨。学生们的热情被点燃了，智慧被激发了，这一过程也极大地激发了他们的创意（见下页图）。

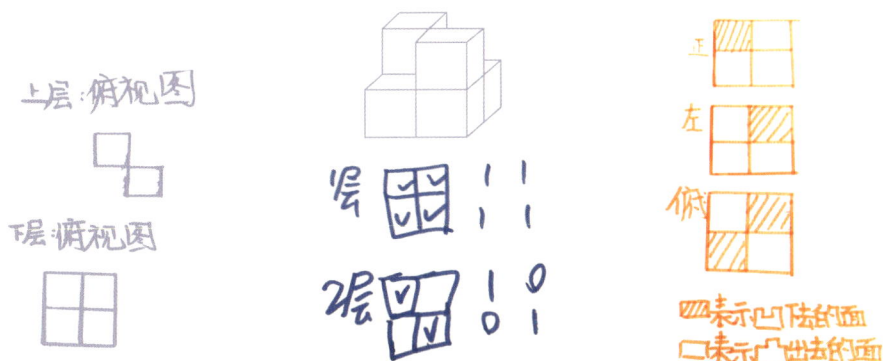

上层：俯视图

下层：俯视图

四 表示凹陷的面
凸 表示凸出的面

吴老师说

　　儿童的精彩总是会超出成人的想象。让我们再用心地读一读儿童提出的问题吧，这些问题就是儿童在观察物体时最真实的思考。我们能从儿童的这些问题中读出什么呢？

　　首先，儿童的问题天然地和数学学科有关联。有人注意到了从不同的方向观察到的样子是不一样的，有人则关注所用小立方体的数量，有人想知道如何确定立体图形，还有人想找到最少的数量。儿童能从这么多数学的角度去认识、去思考、去提问，似乎他们的头脑中天生就有数学。

　　其次，儿童的问题必然和数学学科核心问题相关联。数学教学要关注核心问题，而对于儿童的很多问题，如果教师有意识地去捕捉，并能透过问题表面看到实质，就往往会发现它们与数学学科核心问题有着惊人的相似。教师要有意识地去引导，建立儿童的问题与学科核心问题之间的链接。"有什么办法可以表示有凹槽的立体图形吗？"这是一个多么好的问题啊！儿童的思考在二维与三维中不断地切换，儿童的问题就和空间观念联系起来了。所以，此时教师要做的就是和刘老师一样，将儿童的问题放大——把一个学生的问题变成大家共同关注的问题，把对一个特殊问题的解决变成对一个一般性问题的思考，把儿童的问题有机地与学科核心问题链接起来。

为你支招

1. 找到学科核心问题

要将儿童的问题与学科核心问题进行有机链接，你需要找到学科的核心问题。核心问题不是课本上的具体问题，更不是一个个知识点，而是与学科课程目标相联系的更为根本的问题。如在"观察物体"单元的学习中，其核心问题就是二维图形与三维图形的转化，根本目标在于发展儿童的空间观念。如何才能找到学科的核心问题呢？你可以从理解课程标准、读懂教材和学习数学三个方面入手。

（1）理解课程标准。

2011 年版课标提出了数学课程中的十个核心概念，"观察物体"这一内容与其中的"空间观念"联系最为紧密。"空间观念"包含"根据物体特征抽象出几何图形，根据几何图形想象出所描述的实际物体"这样的含义。而这一抽象、想象的过程正是二维图形与三维图形相互转换的基本表现形式。所以，围绕课程标准中的核心概念，你往往就能够找到学科的核心问题。

（2）读懂教材。

北师大版教材四年级下册"观察物体"单元安排了三个内容。其中，第一课时"看一看"，是从三维图形得到二维图形（见下页图①）；第三课时"搭一搭"，就是从二维图形得到三维图形（见下页图②）。

看一看

● 我搭你画，从正面看到的是什么？

太容易了，是一个"□"。

也很容易，是一个 ⊟。

这回可难了，从正面看到的是什么呢？

正面

①

搭一搭

● 淘气用 4 个正方体搭了一个立体图形，从正面、右面和上面看到的形状如下，你能搭出这个立体图形吗？

正面　　　　右面　　　　上面

②

在这两个内容中间的第二课时"我说你搭"（见下图），正是一个真实反映学生思维的数学活动。你可以看到儿童会从方向、数量的角度来刻画三维图形。而这与教学故事中儿童的提问角度是一致的。

请你用 3 个正方搭立体图形。从正面看是 3 个正方形。

有 4 种，会是哪一种呢？

从右面看是两个正方形。

只能是这两个了。

上面的正方体在右面。

哦，是这个。

（3）学习数学。

你对数学本身的理解也有助于发现和找到学科的核心问题。《站在巨人的肩膀上》一书对于"形状"这一主题，提到了三个主要工具：分类、分析和表示，在"表示"中有下面的论述。

> 我们讨论的不只是形状本身，而且还讨论各种各样的形状的表示，和它的图像之间的关系或者同一形状的不同图像之间的关系。①

而这里三维物体形状的图像，就是三维图形的二维表示。

2. 用学科视角解读儿童的问题

儿童的问题，源于儿童自身的经验和兴趣，并结合了他们自己对于学习内容的理解。这些问题经过了他们的思考，也往往体现了他们对于所学内容的认识。你可以用学科的视角来解读儿童的问题，这有利于实现其与学科核心问题的链接。

例如，对前面教学故事中学生提出的问题，你可以从刻画图形的不同方面去解读，比如从观察的方向、需要小立方体的数量、如何根据看到的还原立体图形等，这些角度都体现了儿童是如何来观察和思考三维图形的。

另外，数学学科有它相对清晰的结构，你可以从内容板块出发逐步细化，使得儿童的每一个问题都能找到自己的位置。如第一层可以从数与代数、图形与几何、统计与概率方面，接下来图形与几何又可分为图形的认识、测量、图形的运动、图形与位置等几个内容……更为重要的是，你需要从 2011 年版课标提出的十个核心概念的角度去解读儿童的问题，这样做有利于你在教学中梳理儿童的问题，引导儿童的问题走向学科核心问题，放大有价值的儿童的问题。

---

① 斯蒂恩. 站在巨人的肩膀上 [M]. 胡作玄，等，译. 上海：上海教育出版社，2000：185.

3. 引导儿童走向学科核心问题

首先，你要相信儿童。当你与儿童一起梳理他们所提出的问题时，学科的核心问题就会逐渐浮现出来，受到儿童的关注。在研究的过程中，他们总是在向核心问题靠近。如果暂时偏离，你就需要等待，或者适时和他们分享一下你的想法即可。

其次，要抓住关键问题。在儿童的研究过程中，往往会出现关键问题，对于这些问题的讨论会直指学科核心问题，如前面教学故事中生3的那个问题。这时，你就应该鼓励儿童在关键问题处停留，尝试去解决这一问题，将儿童的思考引向对于学科核心问题的探讨。正是对这一问题的深入探讨，使儿童开始探索用什么方法才能确定下"有凹槽"的立体图形的样子。这直指三维图形的二维表示，发展了儿童的空间观念，而这一过程也极大地激发了他们的创意。

观点聚焦

儿童的问题饱含着智慧，蕴藏着巨大的价值，它们必然也必将和学科核心问题链接在一起。

你的感想与实践

_____

_____

_____

_____

_____

三 鼓励儿童探索如何解决问题

切出来的精彩

在研究圆锥的体积前，赵老师班级的小范同学在提问本上写下了这样一个猜测：是不是圆锥的体积就等于等底等高的圆柱的体积的 $\frac{1}{2}$ 呢？（见下图）

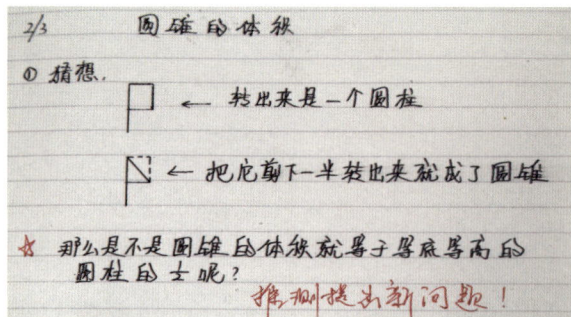

这是不少孩子的想法，于是赵老师鼓励大家在课堂中通过倒水的实验，共同得出了"不是 $\frac{1}{2}$，而是 $\frac{1}{3}$"的结论。然而就在即将下课，赵老师询问大家还有没有问题的时候，小范同学提出了自己的困惑："虽然我看到了

圆柱的体积是和它等底等高的圆锥体积的三倍，但把长方形旋转后就可以得到圆柱，把长方形沿对角线一折就得到两个大小一样的三角形。而旋转这个直角三角形就可以得到一个与它等底等高的圆锥，不过体积为什么就不是二分之一了呢？"学生"纠结"的是：怎么平面看到的变成立体图形后就不一样了呢？他们想要追求更进一步的"证明"。

　　赵老师和学生带着问题意犹未尽地下课了。后来，这个问题被放入了教室的提问角中。一天过去了，一周过去了，一个月过去了，"为什么就不是二分之一了呢"这个问题一直萦绕在学生心中，但似乎无法得到解决。

　　一天，小范同学神秘而又开心地跳到赵老师面前说："老师，我有'证明'了。上学期我们学了圆和正多边形的关系，如果正多边形的边无限地增加下去就会越来越接近圆。反过来想，圆柱的两个底面是圆形的，圆锥的底面也是圆形的，如果把圆柱和圆锥的底面变成正多边形，圆柱就变成了棱柱，圆锥也就变成了棱锥，于是圆柱和圆锥之间的体积关系也应该就是棱柱和棱锥之间的关系。看我用大白萝卜做的实验。"

　　"先切出一个圆柱体，再沿着画好的线把圆柱体切成长方体（见下面图①），把长方体沿着一个面的对角线切开会得到两个三棱柱（见下面图②）。三棱柱上有三个长方形的面，在其中两个长方形的面上各画一条对角线（见下面图③和下页图④、图⑤），沿着对角线和对应的棱切开，共切两次，会得到三个体积相等的三棱锥（见下页图⑥）。三棱柱的体积是和它等底等高的三棱锥体积的三倍，那么圆柱的体积也就是和它等底等高的圆锥体积的三倍。"

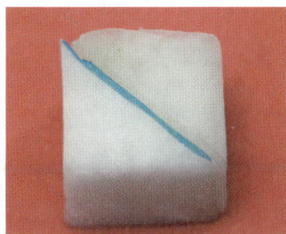
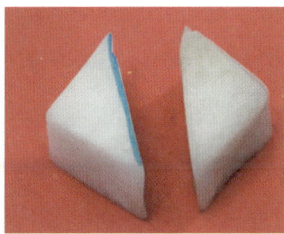
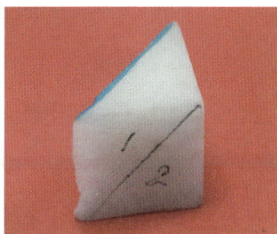

①　　　　　　　　　②　　　　　　　　　③

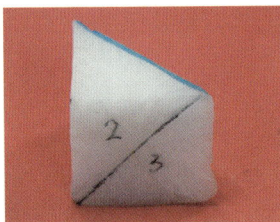  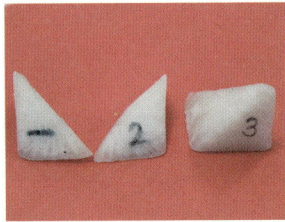

④　　　　　　　　⑤　　　　　　　　⑥

在小范同学研究的基础上，又有人提出了新的问题："这只是说明了三棱柱与三棱锥的关系，五棱柱、六棱柱……呢？"本已平静的湖面又起了波澜。又过了一天，小李同学兴奋地对赵老师说："我们求四边形、五边形、六边形内角和时，记得把四边形分割成了 2 个三角形，把五边形分割成了 3 个三角形，把六边形……大家和我一起想象，把这些三角形向下拉长就是什么？对，三棱柱。小范同学已经证明了每个三棱柱的体积是和它等底等高的三棱锥体积的三倍，那无数个三棱柱就近似成了圆柱，所以圆柱的体积是和它等底等高的圆锥体积的三倍。"此时，全班洋溢着解决问题后的喜悦。

之后，赵老师还邀请小范同学和小李同学在全年级进行了走班宣讲，把他们的研究过程与全年级的同学进行了分享，赵老师也为学生的精彩分享而感到自豪。

 吴老师说

虽然课堂教学结束了，但对儿童来说，对等底、等高的圆柱与圆锥的关系的思考没有结束，对研究二者之间关系的情未了，学习并没有结束。我们成人通常说眼见为实，但对提出问题的小范同学来说，"眼见也并不为实"，需要思维的参与，需要"证明"。这个问题被放入了教室的提问角中，唤起了大家对这一问题的回应，于是涌现出了像小范同学、小李同学那样持续而又深入研究这一问题的儿童。

　　小范同学、小李同学锲而不舍、长时间持续思考的表现，更让人看到了儿童的可爱之处，在年级走班宣讲自己的研究方法也使儿童再一次获得了巨大的成就感。

　　2011 年版课标指出的"增强学生发现和提出问题的能力、分析和解决问题的能力"，就需要我们鼓励儿童经历完整的发现和提出问题、分析和解决问题的全过程。所以，当儿童提出问题后，教师要采取多种形式鼓励他们去尝试解决，比如将问题展示出来，提醒儿童要关注此问题，给儿童提供交流的场所，等等。即使有些问题儿童不能完整地加以解决，但只要尝试了，他们就获得了对所学知识的深入理解，也获得了对所提出问题的深入理解；只要他们解决了部分问题，他们就能获得成就感，获得对所提问题价值的认同。

👍 为你支招

1. 唤起同伴对问题的回应

　　当儿童提出有价值的问题时，你要激发其他儿童产生对这一问题研究的欲望，并组织他们开始研究。比如，你可以设计一个表，及时记录问题提出者、研究的问题和问题认领者（见下页表）。这样的呈现方式激发了儿童研究的动力，也起到了提示作用——提醒儿童问题还有待研究，不要轻易放弃。

儿童问题及其认领情况记录

问题提出者	研究的问题	研究员（问题认领者）
小陈同学	井盖为什么是圆的？树干的横截面为什么是圆的？	小贾同学、小周同学
小霍同学	为什么车轮是圆的而不是其他形状的呢，如三角形、四边形？	小王同学、小孟同学、小杨同学
小郭同学	圆的面积为什么用 πr^2？怎么得到的？	小文同学、小鹿同学、小赵同学
小肖同学	冰化成水后体积会减少，水冻成冰后体积会增加，减少的和增加的是同样的几分之几吗？	小张同学
小张同学	水冻成冰后体积会增加几分之几？	小赵同学、小于同学、小赖同学

2. 助推儿童解决问题

在研究的过程中，你要鼓励儿童尝试用多种途径解决问题，下面呈现的是一些常见的途径。特别需要注意的是，你要给儿童留下研究的时间。为了能使儿童对研究问题持续产生兴趣，保证儿童有研究问题的足够精力与时间，你可以灵活调整教学安排，有所激励。比如，对于问题认领者来说，如果他已经理解了课堂中所学的内容，你可以允许他不写常规性作业。

解决问题的常见途径

· 动手实验；

· 上网查资料；

· 看书；

· 问同学，问家长，问老师；

· 与兴趣爱好相投的小伙伴一起研究。

　　你要关注儿童对问题的探寻过程，必要时要搭设脚手架帮助他们。当然，如果条件允许的话，你可以将其他老师、家长、社会志愿者纳入你的团队，共同助推儿童解决问题。

3. 评价使儿童获得提出并解决问题的成就感

　　无论是提问者还是问题认领者，都需要获得来自教师以及同伴的认可，从评价中获得提出问题或是解决问题的成就感。

　　对于提问者来说，将他们提出的问题进行展示，就是一种肯定的评价。在此基础上，你还可以通过其他评价方式来激励他们。比如，你和学生如果认为某个问题确实是一个值得研究的好问题，就可以用点赞的方式鼓励提问者，还可以在点赞后具体写一写这个问题好在哪里（见下表）。如果某个问题引起了全班学生的共鸣，就可以在班里开展一次问题分享会，这样每一个学生都能表达自己对这一问题的理解。相信分享会的召开是对这一问题的提出者的最大鼓励！

用点赞的方式鼓励提问者

评价角度	点赞	我想对你说
研究态度		态度认真 研究问题是你的亲身体验！
数据真实		一定是，不虚哦☺
生活情境		与生活很有联系 牛啊
表达方式		表达方式令人易懂 丰富多彩

而对于问题解决者来说，中国人民大学附属小学（简称"人大附小"）的评价方式（见下表）相信会令其获得成就感，从而激励他们尝试解决更多的问题，迎接更大的挑战。其实这一表格对于问题提出者也是适用的。

人大附小学生提问评价方法

激励方式	具体实施方法
教师奖励	奖励人大附小币
走班分享交流	问题提出者和解决者可以组团走班宣讲，将自己的问题和研究过程与其他班级的儿童进行分享，达到共享最大化
期末免考、加分	问题提出者、问题解决者期末可以有申请免考资格的机会，或是对期末考试可以适当加分
纳入学期总评	在学期总评中，增加一项对于本学期提出问题、解决问题表现的评估

观点聚焦

当有机会对自己发现和提出的问题进行真正的讨论时，儿童几乎有用不完的精力和深入探索陌生领域的精神与勇气。

你的感想与实践

（四）围绕儿童的问题开展单元学习

"85 个问题"引领学习

在学习六年级"圆"单元之前，王老师和学生们共同收集了生活中有关圆的现象的图片（见下图），并在此基础上鼓励大家提出自己想研究的关于圆的问题。结果，大家一共提出了 85 个问题。

圆是怎么来的？

圆的面积怎么求？可以通过正方形的面积计算出来吗？

在四维空间，圆是什么样的？

为什么圆比正方形、长方形更适合当车轮？

为什么地球是圆的，不是方的呢？

为什么自然中有许多圆形？它们是如何形成的？

如果地球是方的，地球上的引力还是平衡的吗？我们会觉得不稳吗？

如果无限倍放大圆，它会有棱角吗？

一个多边形如果有无数条边，能否变成一个圆？

世界上存在完美的圆吗？

圆周率真的永远不循环吗？它是否在几万、几亿位时开始循环？

……

面对 85 个问题，王老师陷入了沉思："我该怎么办呢？是不是不顾孩子们的问题，仍然按照自己已经备好的课上呢？当然不行。可是这么多问题怎么解决呢？这个单元的学习该如何展开呢？"干脆问问学生们的想法吧。

王老师带领学生一起阅读了这些问题，并鼓励他们思考如何开展本单元的学习。没想到，学生们很快就给出了基本的学习思路，看来近六年的学习已经帮助他们积累了如何学习的经验——先分类，然后在同一类中选择有代表性的问题进行研究。于是，王老师带领学生先独立思考，然后全班交流，共同对这 85 个问题进行了分类。下面是一节课后全班的分类结果（见下页图）。

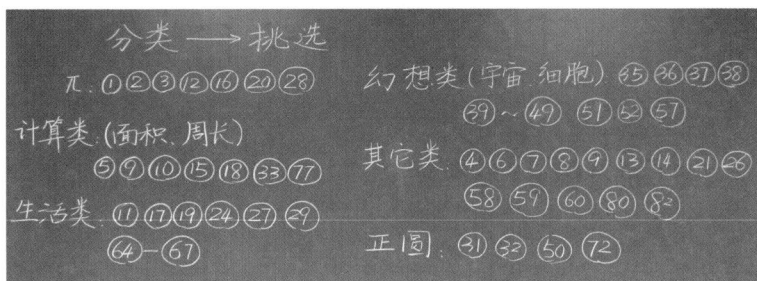

① 圆周率 π 的理解类。比如，什么是圆周率？圆和 π 有什么关系？

② 有关宇宙和生物等的幻想类。比如，超新星是按圆形爆炸的吗？水滴在地球上自由落体时是圆的吗？在四维空间，圆是什么样的？

③ 计算圆的周长和面积类。比如，圆的周长如何计算？圆的面积怎么求？

④ 生活应用类。比如，为什么车轮（钟表表针的运行轨迹、团圆饭的圆桌等）的形状是圆的？

⑤ 其他类，也就是圆的特点及圆与其他图形关系类。比如，圆和别的学习过的图形有什么不一样？

⑥ 个性化的问题类。比如，一位学生对于"正圆"很感兴趣，提出了"能画出完全的'正圆'吗"等多个类似问题。

分类后，学生们在每一类中挑选了一些有代表性的问题，比如对第④类，学生挑选了"为什么车轮的形状是圆的"。在每一类都挑选完代表性的问题后，王老师鼓励学生进一步思考："在本单元的学习中，我们按照什么顺序研究这些问题呢？"学生经过讨论，决定："首先研究第④类和第⑤类，它们是有关联的。因为在研究为什么车轮的形状是圆的过程中，就能了解圆的特征和圆与其他图形的关系；反过来，如果研究了圆的特征和圆与其他图形的关系，就能解决为什么生活中许多物体表面的形状都是圆的问题。""然后研究第①类和第③类，它们也是可以一起研究的。""接着是第⑥类。有时间的话可以研究第②类。"就这样，本单元的学习线索便确定下来了。

吴老师说

　　要使儿童学好数学，首先应读懂和理解儿童。儿童进入课堂时不是一张白纸，而是有着自己的经验、自己的感受和自己的好奇。正如上面的教学故事展现出的，儿童在生活和学习中见了这么多的圆，他们有很多的感受和思考，还提出了大量的问题，有数学的和其他学科的。儿童的问题自然、自发，儿童的感受丰富、精彩。作为教师，你可能和案例中的王老师一样，一方面为儿童的精彩所兴奋，另一方面纠结于该如何进行教学。王老师对此做出了很好的决定：第一，与学生们进行交流，问问他们的想法。这正是儿童立场的自然体现。第二，选择了单元整体设计的学习路线。你我都知道，要想在学习基础知识和基本技能的基础上，使学生获得能力、兴趣等更多的东西，仅仅靠一节课是不行的，需要我们整体进行设计。

　　于是，学生们停下来审视自己提出的问题，对于"圆"单元的研究也有着自己的思路和方法：先分类，然后在同一类中选择有代表性的问题进行研究。多了不起！儿童在不知不觉中积累了很多学习经验，又自动进行了迁移。分类—挑选典型问题—梳理解决问题的顺序，是儿童提出的自己的学习思路，这不正是成人研究问题的基本思路之一吗？而且儿童通过对问题的分类，加强了他们对于问题本身的认识，其实这也是对于"圆"单元内容的初步学习。看来，将儿童的问题作为学习线索，围绕着儿童的问题开展单元学习，不仅是可行的、儿童自然的想法，也很好地发展了儿童发现和提出问题的意识与能力，激发了他们的学习热情，帮助他们积累了学习经验。

👍 **为你支招**

1. 唤醒与单元学习主题相关的经验

儿童的问题，源于对单元学习内容的相关经验，以及在此经验基础上的进一步思考。围绕儿童问题开展单元学习，你首先需要为儿童提供与学习主题相关的情境，唤醒儿童与学习主题相关的经验，并使其进一步展开思考。为了能够充分唤醒儿童的经验，有时你需要设计一些数学活动。下面，我们以三年级"长方形、正方形的周长"单元研究为例进行说明①。

教师在本单元学习之前，设计了"选图形，为小蚂蚁设计跑道"的游戏活动，让学生在游戏中通过对设计的跑道长度进行比较，感受不同图形的周长，并发现和提出问题。游戏规则如下：有标好序号的六个图形。两人一组，每人从剪好的六个图形中选择两个图形拼在一起作为小蚂蚁的跑道，求出小蚂蚁的跑道长（即两个图形拼出的新图形的周长）。看谁设计的小蚂蚁的跑道最长，谁就获胜。

下图呈现了这一游戏活动的要求，以及一位学生在活动中的感受与发现的问题。

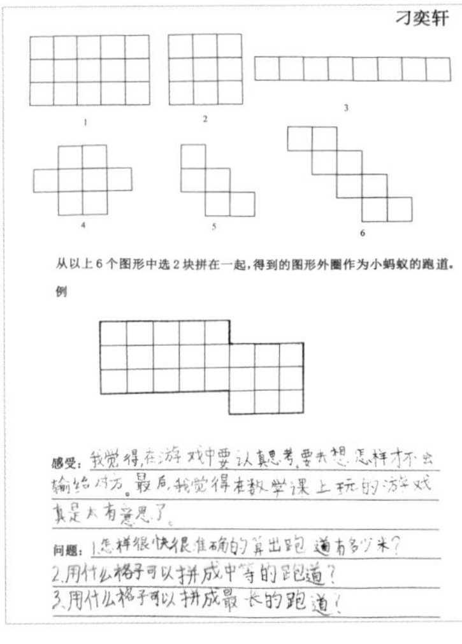

---

① 此案例由北京大学附属小学邱平老师提供。

2. 与儿童一起梳理问题，形成学习线索

从不同的视角提出丰富的问题之后，你可以与儿童一起梳理问题，形成单元学习线索。

首先，你可以询问儿童，如果我们基于自己的问题学习本单元，我们的基本学习线索是什么（对于年龄小的儿童，他们也许一下子提不出完整的线索，你可以帮助他们）。之后，你可以和学生一起交流，对问题进行分类、选择、排序，形成基于学生问题的单元学习线索。

例如，在上面的"长方形、正方形的周长"单元中，学生在"选图形，为小蚂蚁设计跑道"的游戏后，提出了丰富的问题。师生共同对问题进行了梳理，形成了这一单元的学习线索（见下表）。

师生共同梳理问题、形成学习线索的过程

	基本描述	案例呈现	注意事项
分类	组织学生筛选问题，提出关键词作为分类标准，分析归类	学生小组内筛选问题。在筛选问题的过程中，学生自发地尝试将问题进行归类，提出关键词：周长概念、比较周长、获得最大（小）周长的办法。结合关键词和小组整理的问题，最后在全班进行整理	学生在小组内筛选问题很关键。全班范围内整理问题费时费力，先小组内讨论更容易聚焦问题，也能使得更多的学生参与
排序	对问题类别进行排序，确定研究的先后顺序	学生进一步对几类问题进行排序。学生设计的单元学习顺序如下： （1）周长概念类； （2）求周长类； （3）获得最大（小）周长办法类	排序与选择两过程的先后顺序，依据儿童对问题的分类讨论以及单元学习内容的具体情况，可适当调整
选择	选择同一类中有代表性的问题，形成单元学习线索	从各类中，选择如下问题形成本单元的学习线索： （1）什么是周长？ （2）如何获得这些图形的周长？ （3）哪两个图形拼在一起后的图形周长最大（小）？	对于个性化的问题，可以鼓励儿童自己研究，适时组织交流

3. 顺应儿童问题整合学习内容

儿童的问题与教材中单元内容的安排，有可能并不一致。你在梳理了儿童的问题后，需要结合这些问题，调整、整合教材中的单元内容安排。

例如，北京大学附属小学的邱平老师在教学二年级的"时、分、秒"单元时，对儿童在经历"体验时间"活动后提出的问题整理如下。

第一类　有关认识钟表、单位换算方面的数学类问题

时间单位	1分到底有多长？ 1秒呢？
	有没有更大的单位和更小的单位？
钟面结构	为什么长针、中针、短针分别是秒针、分针、时针？
	为什么长针指的一格是5分？
	为什么秒针细长、时针矮胖，不能换一下吗？
认识时刻	时、分、秒在钟表上怎么表示？ 怎么看几时几分几秒？
单位换算	9999小时是几分几秒？

第二类　有关时区、计时工具、原理方面的科学类问题

时区	为什么有些国家的时间和我们国家的不一样？
计时工具	除了表还有什么可以用于计时间？
	计时工具是怎么创造出来的？
原理	1天为什么是24时？ 1时为什么是60分？ 1分为什么是60秒？

第三类　有关创造钟表等方面的制作、设计类问题

为什么上午有12时，下午有12时，不直接制作24时的钟表？
钟表都是圆形的吗？有没有其他形状的钟表？

邱老师在单元教学中，考虑到尊重学生的认知需要，将"时、分、秒"单元原有的4课时扩充到6课时，补充了关于时间的科学知识，将三年级

上学期的"24 时计时法"整合到此单元中（见下表）。同时，邱老师还计划进行设计钟表的综合实践活动。

根据学生问题调整教学课时

1 课时	关于时间的科学知识
2 课时	认识时、分、秒，知道 1 时 =60 分、1 分 =60 秒，体验时间的长短和识别钟表上的时刻
1 课时	三年级上学期"24 时计时法"
2 课时	单位换算，计算经过时间

在上面的问题中，第二类是有关科学方面的问题，虽然它不是数学课的内容，但学生们很感兴趣。第三类问题中，不少学生已经知道了 1 天有 24 时，而 24 时计时法是三年级的学习内容。此时，学生关心的是它背后的道理，以及能否创造出自己的钟表。

需要注意的是，如果对教材中的核心内容没有相关问题被提出，你可以适时、适当地进行补充。

观点聚焦

以儿童问题为引领，整体把握和设计单元学习活动，形成真正属于儿童自己的学习路径。

你的感想与实践

（五） **开展跨学科学习**

神秘的 "24"

在二年级下学期学习"时、分、秒"这一单元之前，邱老师鼓励学生提出有关时、分、秒的自己感兴趣的问题。儿童提出了很多问题，其中有不少是与科学有关的，这些奇妙的科学知识深深地吸引着他们。

小郑同学问："一天为什么是 24 小时呢？为什么不是 10 小时，非要是 24 小时呢？"很多学生也表示对这个问题感到非常好奇，而邱老师也无法完全解释清楚。于是邱老师安排学生自己查阅资料，准备第二天上一节科普知识交流课。让邱老师惊喜的是，充满好奇心的小郑同学认真地查找了有关这个问题的资料，并进行思考总结，给所有同学带来了一个有趣的知识讲座。

小郑同学创意地画图解释（见下页左图）：一天分为白天和黑夜两部分，白天有太阳在中间的时候为正午，夜晚有月亮在中间的时候为午夜，所以一天被分成了 4 部分。随着人们对时间精细划分的需要，4 的倍数中 12 是 20 以内约数最多的一个数，所以中国古人采用 12 个时辰的计时法。后又对时间进行细分，一天被大约分成了 12 个小时的白天与 12

个小时的黑夜，所以现在规定一天是 24 个小时。古人用一只手就可以记录 12 个时辰，大拇指按到哪个关节就表示几（见下面右图）。

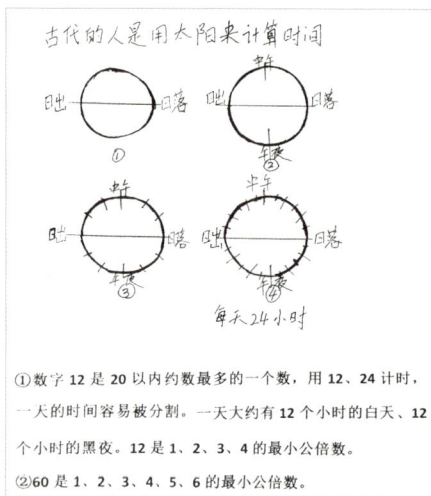

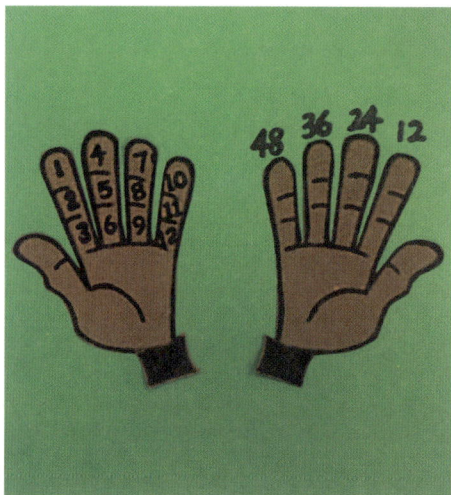

① 数字 12 是 20 以内约数最多的一个数，用 12、24 计时，一天的时间容易被分割。一天大约有 12 个小时的白天、12 个小时的黑夜。12 是 1、2、3、4 的最小公倍数。

② 60 是 1、2、3、4、5、6 的最小公倍数。

在小郑同学精彩的讲解中，邱老师和孩子们一起感受到了 "24" 的神秘之处，体验了利用太阳、月亮这些自然规律，结合数学知识，人类一步步刻画时间的历史发展进程。

这节课邱老师还邀请了科学老师一起和学生们讨论：为什么别的国家的时间和中国的不一样？除了看表还有什么方法可以知道时间？一小时为什么是 60 分，一分为什么是 60 秒？孩子们心中的疑惑得到了解答，他们都感到很兴奋。

吴老师说

通过上面的教学故事我们可以感受到，儿童一开始疑惑的是："一天为什么是 24 小时呢？" 这个问题其实不是一个纯数学问题，我相信如果你鼓励儿童发问，这种情况是时常发生的。

为了学习的需要，人们将知识划分成了多个学科领域，但儿童的学习是个整体建构的过程，生活中许多问题的解决也都需要跨学科知识的综合应用。所以，儿童在脑海里自然而然地就会联想到多个学科的内容。教师如果尊重儿童的真实需求，就不能只重视解决数学问题，而应该像邱老师那样，顺应儿童的问题，安排相应内容的学习和交流。"一天为什么是 24 小时呢？"在儿童喜好刨根问底的好奇心的推动下，教师和儿童一同感受着大自然的变化规律，一同感受着人类的聪明才智。

其实，追随儿童的问题，我们往往离数学也就不远了。在儿童解决"一天为什么是 24 小时呢？"这个问题时，就用到了 24 是 4 的倍数等数学知识；并且在理解了"一天是 24 小时"后，儿童还可以继续思考钟表上有 12 个数字，普通计时法与 24 时计时法的关系等内容。看来理解科学知识，也会促进儿童对数学知识的好奇程度增加。所以，面对儿童提出的众多非数学问题，教师也要尊重、欣赏儿童，有效地回应这些问题。

👍 为你支招

1. 不要忽视跨学科问题

如果你真的鼓励儿童自由地提问，你就会经常碰到儿童提出的一些跨学科的问题，因为儿童是完整地认识这个世界的。比如，在北京大学附属小学的刘健老师执教"栽蒜苗"一课前，刘老师鼓励儿童自己去尝试栽蒜苗。一周之后，在交流大家的问题时，由于儿童亲身参与了实践，所以大家提出的问题非常丰富，也涉及不少跨学科的问题。比如：

（1）把蒜栽在水中、土中、萝卜中，为什么蒜苗长高的情况不同？（见下图）

（2）有皮的小蒜苗可以长出来吗？

（3）蒜头为什么会变紫？是不是我们家气温太低？

……

这时你不要急于聚焦数学问题，可以引导儿童根据自己的问题设计实验，在实验中记录数据，得出自己的实验结论；还可以用统计图来呈现数据，向同学进行展示。这样操作，儿童不仅解决了自己的问题，而且在解决真问题中学习和运用了统计的方法，更加有助于对统计知识的理解。如果你总是忽视这些属于其他学科或者跨学科的问题，可能就会导致一些儿童原本感到好奇的问题被冷落，儿童提问的兴趣降低。

2. 多种途径解决跨学科问题

如何解决跨学科的问题，教师自己很可能也并不了解，所以如何有效地指导儿童解决这些问题，就成了困扰教师的一个问题。你不妨试试下面的几个方法。

第一，引导儿童去查阅资料。这种方式既可以解决问题，又锻炼了儿童收集信息、整理总结信息的能力，培养了他们自主学习的能力。

第二，和其他学科的老师一起进行联合教学。不同学科的老师可以在一起集体备课，一起帮助儿童克服困难，一起指导儿童解决问题。

第三，开展家长进课堂活动，邀请家长来帮助儿童答疑解惑。每个班级学生家长从事的职业不同，擅长的领域不同，当有需要的时候，你可以邀请相关专业的家长来进行讲座。比如，在二年级下学期"东南西北"一课中，儿童会对地理方面的知识感兴趣，比如，地球上的方向是怎么确定的？如果班里有一位家长恰好是地理专业的，你就可以邀请他来进行讲座。

3. 建立跨学科知识之间的联系

一个概念的学习，有时会涉及多个学科，比如有关"时间"的学习就会涉及数学、科学、美术等学科。但在实际教学中，往往不同学科"各自为政"。因此，你可以设计跨学科的主题学习活动。下面是一个供参考的例子。

主题一：儿童围绕"时间"，提出自己想要了解、研究的问题。

主题二：结合儿童提出的"为什么不同国家的时间不一样"、"除了看表，还可以用什么方法知道时间"等问题开展学习，体会时间与物体运动、物质变化之间的联系；学习时间的测量方法，感受计时工具的重要性。

主题三：结合儿童提出的有关"时间的单位有哪些"、"钟表是如何刻画时间的"等问题开展数学学习。

主题四：结合儿童提出的"存在不同形式的钟表吗"开展综合学习，鼓励儿童制作不同形状、不同形式的钟表，并用艺术的方式表达自己对时间的理解。

根据儿童提出的问题设计跨学科主题活动，儿童会在一个丰富的、立体的学习场景中，更好地构建起连贯的、一致的、完整的时间概念。

观点聚焦

打破学科界限，尊重儿童认知需要，利用好儿童的跨学科问题，让儿童在跨学科学习中完整地认知这个世界。

你的感想与实践

六 用反思把经验积累下来

你是怎么想到的?

在六年级下学期学习"莫比乌斯带"一课时,陈老师提出:"如果将长方形纸条首尾相连,做成一个纸环,你可以怎么做?"在这样的问题下,学生们做出了如下图所示的三种不同纸环。

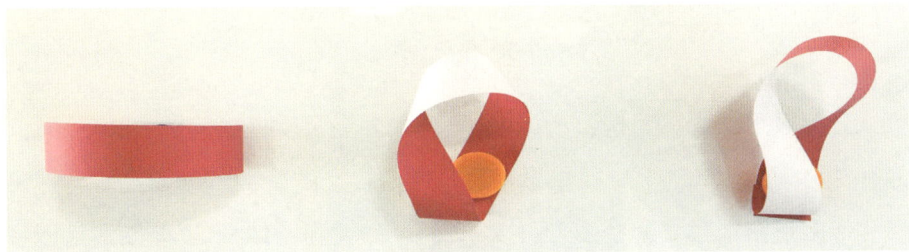

通过看一看、摸一摸、画一画,学生们初步感受到了莫比乌斯带的神奇。顺势,陈老师提出:"你还可以进一步研究什么问题,让我们继续感受莫比乌斯带的神奇呢?"学生们提出了如下问题(见下页图)。

①面的个数与旋转度数有什么关系？

2个长条 ←
2个扣着 ← ②沿 $\frac{1}{2}$ 剪开会怎样？
2个分开

③沿 $\frac{1}{3}$ 剪开会怎样？

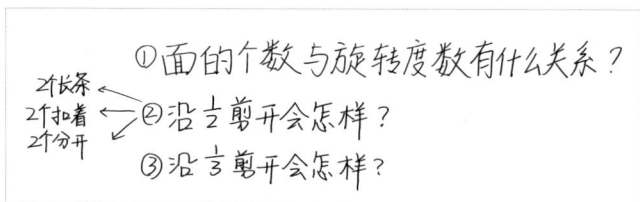

其中，对于"沿 $\frac{1}{2}$ 剪开会怎样？"的问题，师生有这样的一段对话。

生 1：沿着中间剪开，会是什么样子呢？

师：你们对他提出的问题，有问题吗？

生 2：我也想知道剪开以后是什么样子。

生 3：你是怎么想到这个问题的呢？

生 1：咱们对莫比乌斯带也摸了、画了，然后我看到剪刀，就想能不能剪开看看是什么样子，会不会也很神奇呢？

师："怎么想到这个问题的"，是一个很有价值的问题，它让我们了解了同学们提出问题背后的思考。当你对某个问题感兴趣的时候，不妨追问一下这个问题是如何想到的，这样就会积累提出问题的经验，将来你也能提出有价值的问题。

回头看一看 ①

五年级下学期"密铺"一课中，一开始郭老师就提出问题："关于密铺，你有什么问题呢？"学生独立思考后，结合自己的生活、学习经验，提出了"什么是密铺"、"哪些图形可以密铺"等问题。针对"哪些图形可以密铺"这个问题，学生进行了动手实践（见下页左图），并在探究的过程中思考了"你有什么新的发现和问题"。之后，全班分享和交流了这些新的发现和问题（见下页右图）。

---

① 此教学故事由北京市海淀区中关村第三小学郭学锐老师提供。

发现	问题
曲边形不可以	为什么五边形不可以？
正五边形不可以	正五边形是轴对称图形为什么不可以？
轴对称可以	所有偶数边图形都可以吗？
偶数边可以	能密铺的图形有哪些特征？

在课的最后，郭老师询问学生："回过头来，我们一起看一看，是哪个问题使我们产生了这么多新的发现和问题呢？"这引发了以下对话。

生1："哪些图形可以密铺"这个问题。

师：说一说你的想法。

生1：要研究这个问题，我们需要动手操作，这才有了后面的发现和问题。

生2：我也认为是这个问题。

师：的确像你们所说的那样，有了对这个问题的研究，我们才有了后面的发现和新问题。这个问题是哪个同学提出来的？让我们用掌声感谢他。（对提出该问题的学生）感谢你提出了这么有价值的问题！

吴老师说

从上面的教学故事可以看出，借助操作活动，儿童提出了丰富、多样的问题，在解决问题的过程中又有了新的发现与问题。儿童的不断提问，不仅使学习发生，而且使学习越来越深入。在这两个教学故事中，教师力求通过儿童的反思，来帮助儿童积累发现和提出问题的经验，让他们体验发现和提出问题的价值，方法非常有效。

先来看第一个教学故事。对于课堂中生成的有价值的问题"沿着中间剪开，会是什么样子呢"，教师牢牢抓住，并追问"你们对他提出的问题，有问题吗"，期待学生能够提出"你是怎么想到的"这个帮助反思的问题。"你是怎么想的"与"你是怎么想到的"这两个问题虽然只有一字之差，但是思考的角度是不同的。"你是怎么想的"主要是结果的呈现，而"你是怎么想到的"需要寻找对结果背后的思考，是一个带有元认知色彩的问题。教师力图通过这个问题，呈现儿童对提出的问题背后的思考，这也是对提出问题方法的指导。在这样的对话过程中，发现和提出问题的经验在不断地进行积累。

再来看第二个教学故事。当学生在不断提出、分析、解决问题，再提出、分析、解决问题之后，教师带领学生回顾了学习历程。"回过头来，我们一起看一看，是哪个问题使我们产生了这么多新的发现和问题呢？"这一问题的提出，就像平静的水面被投入了一颗石子，学生开始逐个审视黑板上大家提出的问题。这时学生选取哪一个问题的结果已经不重要了，重要的是他们选取问题的过程。逐个审视自己和同伴提出的问题，这一反思的过程可以使儿童充分感受到发现和提出问题的价值。

👍 为你支招

1. 通过追问促使儿童进行反思和评价

课堂中当学生提出问题时，你可以适时组织学生互相进行追问，或者自己进行追问，在师生、生生互动的过程中，帮助儿童积累发现和提出问题的经验。下面呈现了你可以追问的问题。

- 你是怎么想到这个问题的？
- 大家觉得他提出的问题怎么样？
- 你对他提出的问题，有问题想问吗？
- 这么多问题中，你最喜欢哪一个？说一说你的理由。
……

当学生提出一个有价值的问题之后，你可以追问学生"你是怎么想到的"。呈现学生对提出的问题背后的思考，这既是一个反思的过程，也是一个互相学习的过程。你也可以提问"大家觉得这个问题怎么样"，目的不是分出问题的好坏，而是让学生体会有价值问题的特点。

当学生提出一系列问题之后，你可以追问："在这些问题中，你最喜欢哪一个？说出你的理由。"这样可以鼓励学生们在相互评价、交流中，不断品味什么是有价值的问题，怎么样才能提出有价值的问题。

2. 通过"回头看"的环节引导儿童回顾提出和解决问题的过程

当儿童经历了"发现和提出问题、分析和解决问题、再发现和提出问题……"这一过程之后，在课的结尾，你就可以鼓励学生"回头看看，这节课我们都提出和解决了哪些问题"或"回头看看，是什么问题让我们有了这么多新的发现和问题"。在这样的问题驱动下，儿童会重新审视大家提出的问题，在寻找的过程中进一步感受提出问题的价值，同时梳理自己的思考过程。最终无论选中了谁提出的问题，都是对提问者的一种肯定，也提升了儿童发现、提出问题的信心和兴趣。

3. 通过梳理问题帮助儿童体会问题之间的联系

在问题引领学习的课堂教学中，儿童针对真实的情境、体验式操作活动会产生一堆问题。面对一堆的问题，你要鼓励儿童运用自己喜欢的方式进行梳理，这也是他们进行反思的过程。梳理的方式通常有排序、分类等。下页左图是"密铺"一课中对儿童提出的关于"密铺"问题的梳理，梳理的方式就是将问题进行排序——即首先要明确什么是密铺；然后在研究哪些图形可以密铺时，就能够解决三角形是否能密铺、密铺有什么特点的问题了；最后可以讨论两种图形的密铺。下面右图是"莫比乌斯带"一课中，要想进一步感受莫比乌斯带的神奇，还可以研究的问题。这时，儿童梳理的方式就是根据解决问题的方法将问题分成三类：观察思考解决类、动手操作解决类、查阅资料解决类。

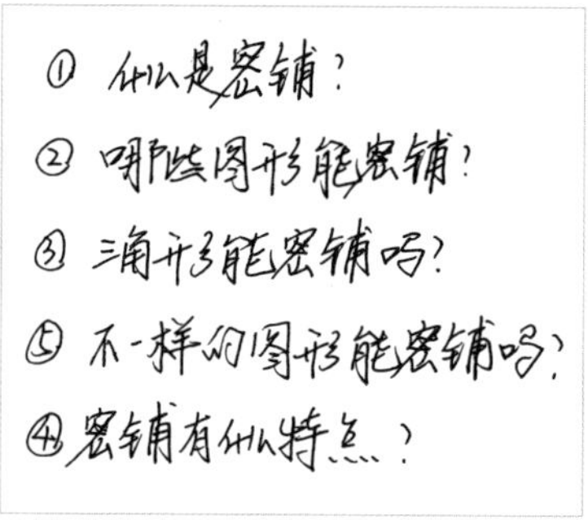

① 什么是密铺？
② 哪些图形能密铺？
③ 三角形能密铺吗？
⑤ 不一样的图形能密铺吗？
④ 密铺有什么特点？

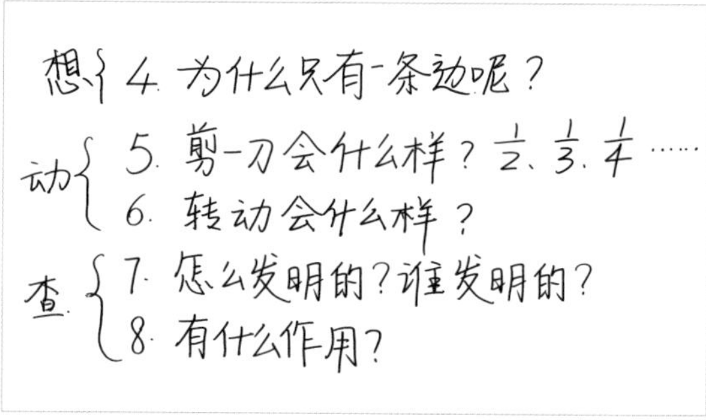

想 { 4. 为什么只有一条边呢？
动 { 5. 剪一刀会什么样？ 1/2、1/3、1/4……
       6. 转动会什么样？
查 { 7. 怎么发明的？谁发明的？
       8. 有什么作用？

儿童在梳理的过程中，既加深了对问题的理解，建立了问题间的联系，又能够很好地促进问题的解决。

观点聚焦

反思大家提出了哪些问题、这些问题是如何提出的、这些问题的特点是什么，对于儿童积累发现和提出问题的经验很重要，而且经验只有在被反思时才能真正成为经验。

你的感想与实践

　　本书呈现了"问题引领数学学习"课题组老师们的探索与实践。在这些老师的课堂中，儿童的数学学习经历了发现问题、提出问题、分析问题、解决问题的过程，数学学习不再仅仅是教师布置的任务，而更多的是儿童自己的发现和分享。

　　儿童是有好奇心的，他们对这个世界充满了疑问。只要我们耐下心来，走进儿童的心中，就会发现儿童的想法是如此丰富。在课堂上，我们见识了儿童问题的精彩与力量，每个儿童的问题汇总起来后，就像是一条熠熠发光的问题长河，所涵盖的甚至超过了我们预期带给孩子们的知识。儿童的问题经常让教师们惊叹！

　　解决自己提出的问题，对于儿童来说具有巨大的动力。一位课题组的老师说，从第一次鼓励学生发现和提出问题后，接连几天自己班的学生们都非常积极地在课前把学习材料准备好，开心地等着老师的到来。老师们开心地描述着孩子们高涨的学习热情。儿童解决问题的热情让教师们赞叹！

　　当然，探索的过程不是一帆风顺的，回想初期，老师们苦苦思考"什么是问题"、"面对儿童的问题教师怎么办"，困惑于似乎没有一条现成的路径可遵循。这时，大家共同得出了一句话："实在不知道怎么办，就跟着儿童走，儿童思考起来不会离数学很远。"这句话虽然没有提出具体的办法，却给老师们提供了一个令人欣喜的方向。这个课题由教师和学生们共同开展探索，儿童作为课堂的主体，他们的精彩引领着自己的学习，引领着课堂学习的真实发生。儿童的力量让教师们欣叹!

　　数学与问题来自儿童的初心,是儿童成长中自发的智慧,这给了我们坚持下去的动力。无论是课题研究,还是本书的出版,都要感谢课题团队的所有成员。大家的探索热情与智慧,使得我们的研究广开思路、顺利开展,使得我们的孩子在问题的引领中快乐地学习数学。感谢实验学校的理解与支持,为本研究的顺利开展提供保障,为儿童的成长竭力奉献。感谢老师们的积极思考、探索与无私奉献,发现、提出、分析、解决问题的过程是耗费精力的,老师们在紧张的课时安排中尽力保证儿童经历这整个过程,为老师们的辛劳付出而感动!

　　这本书形成的过程,也是老师们对各自实验过程和成果剖析、整理的过程。本书分为"鼓励儿童产生问题"、"促使儿童持续思考"、"问题引领儿童学习"三部分内容。以下老师承担了具体的编写工作。

- 本书导读　用"问题"引领儿童数学学习:张丹(北京教育科学研究院)、黄迪(北京大学附属小学)
- 第一部分　鼓励儿童产生问题

　　引言:郭学锐(北京市海淀区中关村第三小学)

　　㈠营造良好的提问环境:吴桂菊(北京小学长阳分校)

　　㈡用好情境图:高亚娟(北京小学长阳分校)

　　㈢创设裸情境:刘晓(北京市海淀区实验小学)

　　㈣布置挑战性任务:乔芳(北京市海淀区中关村第三小学)

　　㈤设计体验活动,使儿童找到提问的感觉:刘健(北京大学附属小学)

　　㈥解决问题后再引导儿童产生新问题:姚颖(北京市房山区教师进修学校)、蔡立格(中国人民大学附属小学)

　　㈦开展讲数学故事的活动:于鸿(中国人民大学附属小学)

- 第二部分　促使儿童持续思考

　　引言:郭学锐(北京市海淀区中关村第三小学)

（一）鼓励儿童展开丰富的联想：宋立亭（北京市海淀区中关村第三小学）

（二）将疑问深化为猜想：马金鑫（北京市海淀区中关村第三小学）

（三）开展问题接龙活动：高冬梅（北京市房山区教师进修学校）

（四）产生问题链：高方方（北京市海淀区中关村第三小学）

（五）设立提问本和提问角：杨丽君（北京市海淀区中关村第三小学）、张永（北京市密云区太师屯镇中心小学）

（六）布置"可爱作业"：孙刃（中国人民大学附属小学）

· 第三部分　问题引领儿童学习

引言：郭学锐（北京市海淀区中关村第三小学）

（一）积极回应儿童的问题：宋立亭（北京市海淀区中关村第三小学）

（二）有机链接儿童的问题与学科核心问题：杨重生（北京大学附属小学）

（三）鼓励儿童探索如何解决问题：赵娣（中国人民大学附属小学）

（四）围绕儿童的问题开展单元学习：王雪峰（北京大学附属小学）

（五）开展跨学科学习：邱平（北京大学附属小学）

（六）用反思把经验积累下来：陈俊荣（北京市海淀区中关村第三小学）

· 后记：黄迪（北京大学附属小学）

本书最终由张丹、孙京红、陈俊荣统稿。在此，谨代表课题组向这些作者表示深深的谢意。

本书是课题研究的初步成果，欢迎广大读者提出宝贵建议，使得课题研究能够更加深入，使得课堂学习因为儿童的问题更加精彩！